J. Nikel

**Sozialpolitik und soziale Bewegungen im Altertum**

J. Nikel

**Sozialpolitik und soziale Bewegungen im Altertum**

ISBN/EAN: 9783743360600

Hergestellt in Europa, USA, Kanada, Australien, Japan

Cover: Foto ©ninafisch / pixelio.de

Manufactured and distributed by brebook publishing software
(www.brebook.com)

J. Nikel

**Sozialpolitik und soziale Bewegungen im Altertum**

# Socialpolitik und sociale Bewegungen im Altertum.

Von

Dr. theol. Joh. Nikel,

Religionslehrer am kgl. kath. Gymnasium

zu

Neisse.

*Sonderabdruck aus dem 26. Bericht der wissenschaftlichen Gesellschaft Philomathie in Neisse.*

**Paderborn.**
Verlag von Ferdinand Schöningh.
1892.
Zweigniederlassungen in Münster, Osnabrück und Mainz.

# Vorwort.

Vorliegendes Schriftchen, hervorgegangen aus einem in einer wissenschaftlichen Gesellschaft gehaltenen Vortrage, soll weder neue Untersuchungen aus dem Gebiete der alten Geschichte bringen, noch soll es den im Titel angegebenen Gegenstand erschöpfen, sondern es soll zu einer geschichtlichen Auffassung der socialen Frage anregen. Die sociale Frage zieht sich wie ein roter Faden durch die Geschichte aller Völker. Die Versuche zur Lösung derselben sind stets verschieden gewesen, je nach der Weltanschauung und nach der Lebensauffassung der Menschen. Die Geschichte der socialen Frage bei den heidnischen Völkern des Altertums ist eine treffende Widerlegung des von der materialistischen und somit auch von der socialistischen Geschichtsauffassung aufgestellten Satzes, dass „aus dem egoistischen Getriebe der Individuen die beste gesellschaftliche Organisation entspringe", dass „auf der schrankenlosen Freiheit die Harmonie und Energie der Kräfte erblühe." Dem gegenüber beweist die Geschichte der wirtschaftlichen Verhältnisse des Altertums, dass der Egoismus und die schrankenlose Freiheit die Menschheit nicht bloss dem sittlichen, sondern auch dem socialen Elend entgegengeführt haben. Möchte dieses Schriftchen die christliche Auffassung der socialen Frage vertiefen und verbreiten helfen!

Neisse, den 28. März 1892.

**Der Verfasser.**

# Inhalt.

|   |   | Seite |
|---|---|---|
| Einleitung | | 3 |
| § 1. | China | 4 |
| § 2. | Indien | 8 |
| § 3. | Die Weltreiche der Assyrier, Babylonier und Perser | 14 |
| § 4. | Aegypten | 22 |
| § 5. | Die Phönizier | 29 |
| § 6. | Die Israeliten | 31 |
| § 7. | Die gesellschaftlichen Verhältnisse bei den Griechen in der vorhistorischen Zeit | 40 |
| § 8. | Die socialen und politischen Reformen Lykurgs | 43 |
| § 9. | Entwickelung der gesellschaftlichen und wirtschaftlichen Verhältnisse in Athen | 48 |
| § 10. | Die Sklaverei bei den Griechen | 55 |
| § 11. | Der Ständekampf in Rom und seine socialpolitische Bedeutung | 59 |
| § 12. | Staats- und Volkswirtschaft in Rom | 61 |
| § 13. | Die Sklaverei in Rom | 70 |
| § 14. | Rückblick auf die Culturentwickelung der alten Welt in materieller, socialer und sittlicher Beziehung | 75 |

Das Studium der socialen Frage lässt eine zweifache Methode zu, eine apriorische und eine aposteriorische. Wer dieses Studium a priori behandelt, d. h. von der Ursache auf die Wirkung schliesst, der sucht das Wesen der gegebenen socialen Zustände zu ergründen und daraus auf die Mittel zur Behebung der Missstände zu schliessen. Auf diesem Standpunkt befinden sich die meisten theoretischen Socialpolitiker. Eine aposteriorische oder analytische Methode könnte diejenige genannt werden, welche die bisher von den einzelnen Völkern in Anwendung gebrachten socialen Reformversuche, soweit sie geschichtlich hervortreten, untersucht und aus ihren Erfolgen auf die Güte und Zweckmässigkeit derselben schliesst. Es entspricht diese Methode dem allgemeinen Grundsatz, dass die Geschichte die beste Lehrerin ist. Denn wenn auch die äusseren Verhältnisse der Menschen wechseln, so ist die Natur des Menschen doch stets dieselbe geblieben, dasselbe geblieben ist das Streben nach Selbsterhaltung, nach Genuss, nach socialer Gleichstellung.

Die Geschichte der socialen Verhältnisse im Altertum bildet in mancher Beziehung ein für sich abgeschlossenes Ganze; denn mit dem Beginn der äusseren Ausbreitung des Christentums tritt zu den im wirtschaftlichen Leben wirkenden Faktoren ein neuer, die Nächstenliebe, hinzu, welche in grösserem Massstabe und andauernder kulturfördernd ist, als alle anderen Faktoren. Da hier alle Culturvölker des Altertums berücksichtigt werden sollen, so ist es angezeigt, vorher über den Begriff des „Altertums" einiges zu bemerken. Der Begriff des „Altertums" ist ein sehr dehnbarer, es gibt Völker, z. B. die Chinesen, in deren Culturentwickelung man ein Altertum, ein Mittelalter und eine Neuzeit als charakteristisch verschiedene Zeitperioden nicht unterscheiden kann. Darum mag hier sogleich bemerkt werden, dass in dieser Abhandlung die Zeit des Eindringens christlicher Grundsätze die äussere Grenze für die Darstellung der socialen Verhältnisse im Altertum bilden soll. Diese Zeitgrenze ist natürlich keine absolute, sondern sie fällt bei den einzelnen Völkern früher oder später.

Unter Socialpolitik sollen hier die vom Staate ausgehenden Massnahmen, unter „socialen Bewegungen" die vom Volke selbst ergriffenen Massregeln zur Regelung der gesellschaftlichen und wirtschaftlichen Verhältnisse zu verstehen sein.

## § 1. China.

Das Staatswesen in China ist sehr alt. Wenn die Berichte der chinesischen Geschichtsschreiber richtig sind, so reicht der Beginn des chinesischen Staatenwesens bis in den Beginn des zweiten Jahrtausends v. Chr. zurück. Die Verfassung des ältesten Ackerbaustaates war eine communistisch-patriarchalische. Communistisch verwaltete Ackerbau-Genossenschaften mit einem in patriarchalischem Verhältnisse zu den Bewohnern stehenden Fürsten an der Spitze scheinen die älteste Grundlage des chinesischen Staates gewesen zu sein. Im Laufe der Entwickelung verringerte sich die Zahl der Genossenschaften, wodurch jede einzelne an Umfang und Bedeutung zunahm.

Die Durchführung der Centralisation erfolgte erst nach mannigfachen Kämpfen um 220 v. Chr. unter dem Kaiser Schihoangti. Noch heute aber ist das Verhältnis des Kaisers zum Volke ein patriarchalisches; jeder Befehl kommt aus väterlichem Munde.

Mit dieser Entwickelung der Verfassung ging auch eine Veränderung der volkswirtschaftlichen Verhältnisse Hand in Hand. Dieselbe äusserte sich in erster Linie dadurch, dass der Grund und Boden, welcher zuerst Eigentum der ganzen Gemeinschaft war, und dessen Bearbeitung von oben her beaufsichtigt wurde, allmählich in Privatbesitz überging. In der ältesten Zeit war in China der Acker Staatseigentum oder, besser gesagt, Eigentum der Gesamtheit. Privateigentum an Grund und Boden gab es nicht[1]). Selbst das Staatsoberhaupt besass, so lange die Kaiserwürde nicht erblich war, kein Privateigentum. Erst als die Kaiserwürde erblich wurde, erhielt der Kaiser völliges Eigentum an Grund und Boden. Der Kaiser teilte das Land in grössere Bezirke, welche von Vasallen verwaltet wurden; letztere erhielten erbliche Lehnbesitz, also in gewissem Sinne auch Privateigentum. Die unteren Beamten hingegen erhielten Aecker, welche nur an das Amt geknüpft waren. Die Ländereien der Fürsten wurden im ersten Gliede der Familie weiter vererbt, und dieses Majoratsgesetz besteht heute noch in China bezüglich der Fürsten. Die Verteilung des Landes an das Volk erfolgte ebenfalls in einer solchen Weise, dass ein Privateigentum nicht möglich war. Jeder empfing ein bestimmtes Stück Land zu eigenem Genuss, ein anderes Stück zur Bearbeitung für den Staat; die Arbeit in diesem staatlichen Anteile bildete die Steuer der Ackerbau treibenden Bevölkerung. Die Verteilung des Landes geschah in folgender Weise: ein quadratisches Stück Land wurde durch vier sich rechtwinklig

---

[1]) J. Sacharoff, das Grundeigentum in China; im I. Bande d. Arbeiten der kaiserl. russ. Gesandtschaft in Peking.

schneidende Linien in neun gleiche Anteile geteilt, wie nebenstehende Figur anzeigt; der mittelste Anteil war Staatseigentum, wovon noch ein Fünftel den übrigen acht Umwohnenden als Haus- und Küchengarten überlassen wurde; die übrigen acht Stücke wurden an Privatpersonen zur Bearbeitung und Nutzniessung übergeben; diese hatten den staatlichen Anteil mitzubearbeiten und den Ertrag desselben abzuliefern. In schlechteren Gegenden wurden die Anteile grösser gemacht; Handwerker und Kaufleute erhielten kleinere Anteile. Zwischen allen Parzellen liefen Wege, sowie Kanäle von grösserer oder geringerer Breite. Jeder Mann vom zwanzigsten Jahre an erhielt einen solchen Anteil und bearbeitete ihn bis zum 60. Jahre, in welchem er denselben seinem Sohne oder einem anderen Verwandten überliess, welcher den früheren Besitzer bis zu seinem Lebensende versorgen musste. Dieses System, nach welchem Grund und Boden Staatseigentum waren und nur zur Nutzniessung überlassen wurden, dauerte sehr lange. Erst etwa im 4. Jahrhundert v. Chr. machten sich die natürlichen Mängel desselben derartig fühlbar, dass an Veränderungen auf diesem Gebiete gedacht wurde. Die Nachteile bestanden hauptsächlich darin, dass viele Anteilbesitzer die dem Staate gehörige Parzelle sehr lässig bebauten, so dass die Staatsmittel oft unzulänglich waren; ferner, dass der Arbeitsliebe Schranken gesetzt waren, und dass der Grundbesitz der Trägen, welche das Land schlecht bebauten, den Händen der Fleissigen entzogen war; ausserdem blieb eine Menge nutzbaren Landes wegen mangelnder Bevölkerung unbebaut, während in anderen Gegenden, wo Uebervölkerung entstand, Mangel war. Diesen Uebelständen suchte man etwa um das Jahr 350 v. Chr. dadurch abzuhelfen, dass man Kolonisten aus einer Gegend in die andere verpflanzte, um brach liegende Ländereien urbar zu machen oder zu bebauen. Die Lust zur Auswanderung suchte man dadurch zu erwecken, dass man das urbar zu machende Land als Privateigentum hergab. So wurde zuerst mit dem Princip der Staatsländereien gebrochen. Da ferner die zahlreichen Bürgerkriege Viele dahinrafften, und dem Lande dadurch Bebauer entzogen wurden, so gestattete die Regierung allmählich, dass jeder Mann unbebautes Land occupieren konnte. Leute, welche im Kriege oder bei Missernten verarmt waren, verkauften schliesslich um Brot ihre Aecker und wurden oft dadurch abhängig, dass sie als Pächter auf den Gütern blieben. Reiche Käufer sammelten hingegen mit der Zeit grossen Grundbesitz an. Mit der Abschaffung des alten Systems trat so allmählich der neue Uebelstand wirtschaftlicher Ungleichheit ein. Man versuchte darum zu wiederholten Malen die Wiedereinführung des früheren Systems, jedoch ohne Erfolg; denn sowohl die Reichen, welche durch ihren Reichtum auch Macht erlangt hatten, als auch die höheren Beamten, welche in Kriegszeiten oft missbräuchlich viel unbebautes, frei gewordenes Land an sich gerissen hatten, setzten der Reaction erfolgreichen Widerstand entgegen. Und so besteht etwa seit dem 2. Jahrhundert n. Chr. in China das Privateigentum an Grund und Boden. Aber die neuen Verhältnisse hatten in anderer Beziehung günstige Folgen. Viele, welche ihre Ländereien verloren hatten, wandten sich nun dem Handel und Gewerbe zu, was einen Aufschwung dieser Zweige der Erwerbsthätigkeit zur Folge hatte.

Die chinesische Geschichte liefert uns zahlreiche Beispiele von der praktischen Fürsorge, welche die Regierung für die Unterthanen bethätigte. Die Kaiser machten oft Reisen durch das Land, um sich von dem Zustande des Ackerbaues zu überzeugen. Geschickte Handwerker wurden von Staatswegen belohnt. Schihoangti, einer der thatkräftigsten Kaiser (um 200 v. Chr.), that sehr viel für die Urbarmachung wüster Gegenden; ein chinesischer Geschichtsschreiber sagt von ihm, dass er die ganze Oberfläche der Erde umgewandelt haben würde, wenn dies in seiner Macht gelegen hätte. Wohlwollende Fürsorge für das leibliche Wohl des Volkes ist nach den grossen Sittenlehrern China's eine der ersten und wichtigsten Kapitel der Fürstenmoral. Allerdings thaten manche Kaiser das Gegenteil, indem sie durch übertriebenen Luxus und ungeheure Steuern Missstimmung und Unzufriedenheit im Lande erregten. Der Sturz der Schang-Dynastie hatte in derartigen Unruhen seine Veranlassung. Jedenfalls ist aber das harte Urteil, welches über die Staatswirtschaft der altorientalischen Völker gewöhnlich gefällt wird[1]), wenigstens für China nicht in allen Punkten zutreffend. Die chinesischen Kaiser kannten nicht blos dynastische, sondern auch staatswirtschaftliche Bedürfnisse und ihre oft bethätigte Fürsorge für das Volk ist nicht blos dem Drange nach Selbsterhaltung, sondern wohl dem praktischen Sinne der Chinesen zuzuschreiben, wenn man durchaus höhere staatswirtschaftliche Einsicht dem Orient im Altertum absprechen will.

Die Beaufsichtigung der Bodenbearbeitung erfolgte in der älteren Zeit durch eigene Aufsichtsbeamte, welche in dauernder Berührung mit dem Volke blieben und auch die anderen ständigen Beamten controllieren, ja selbst ein Vetorecht gegenüber den Anordnungen des Herrschers in Bezug auf die Landwirtschaft ausüben konnten. Oeffentliche Arbeiten wurden durchweg durch Kriegsgefangene und Verbrecher ausgeführt; nur die Bearbeitung des dem Staate oder dem Kaiser bezw. dem Lehnsfürsten gehörigen Bodens war Pflicht der Unterthanen. Dies war also die einzige Dienstleistung des Volkes. Einen allgemeinen Wehrdienst kannte China nicht; eine verhältnismässig kleine Miliz und Militärkolonieen an den Grenzen genügten den Bedürfnissen des Staates.

## § 2. Indien.

Treten wir aus China in das Nachbarland, das Wunderland Indien hinüber, so bietet sich uns ein im wesentlichen anderes Bild der gesellschaftlichen und wirtschaftlichen Zustände dar. Um dieselben zu würdigen, muss auf die Geschichte der ältesten arischen Einwanderung zurückgegangen werden. Indien wird von zwei ethnologisch streng zu scheidenden Volksstämmen bewohnt, den Aryas, welche der kaukasischen Race angehören, und den Dravidas, welche wahrscheinlich hamitischer Abstammung sind. Zu einer uns nicht näher bekannten Zeit, jedenfalls aber lange vor dem

---

[1]) Siehe z. B. Patzig, „Ueber Staatswirtschaft in den altorientalischen Staaten", S. 1—10.

ersten Jahrtausend v. Chr. wanderten arische Stämme von Nordwesten her in Indien ein, die dunkelfarbigen Ureinwohner allmählich verdrängend, vernichtend oder unterwerfend. Geschichtliche Nachrichten über diesen Kampf fehlen uns fast ganz. Die Reste der Ureinwohner erhielten den niedrigsten Rang in dem neuen Völkergemisch.

Ueber die ältesten gesellschaftlichen und wirtschaftlichen Zustände bei den Indern wissen wir wenig. Das Volk war in kleine Stämme geteilt, an deren Spitze Gaufürsten standen. Die älteste Beschäftigung dieser Stämme bildete die Viehzucht; doch scheinen schon in früher Zeit die nomadisierenden Stämme auch Ackerbau an den Stellen getrieben zu haben, wo sie sich zeitweise niederliessen. Auch die Gründung fester Wohnsitze scheint in sehr frühe Zeit zu fallen. Mit der Sesshaftigkeit entwickelte sich auch bald der Handel. Im Laufe der geschichtlichen Entwickelung bildeten sich unter den Arya's selbst Standesabstufungen, die schliesslich in so starren Formen sich krystallisierten, wie sie das heutige Kastenwesen zeigt. Die Erklärung derselben ist auf geschichtlichem Boden zu suchen. Die einwandernden Eroberer machten nach dem allgemeinen Kriegsrecht des Altertums die sich widersetzenden Einwohner zu Sklaven; diejenigen hingegen, welche sich freiwillig unterwarfen, konnten als Knechte und Diener auf den Höfen der Aryas leben. Die Unterworfenen, Sudra genannt, mussten ihre Aecker den Siegern überlassen und durften selbst kein Grundeigentum erwerben. So entstanden zwei getrennte Volksklassen, deren Gegensatz auf ethnologischer Grundlage beruht. Aber auch unter den Ariern selbst bildeten sich einzelne Stände heraus, die sich gegen einander völlig abschlossen, eine Erscheinung, welcher wir ausser bei den Egyptern, auch noch bei den alten Eraniern begegnen; wahrscheinlich hat daher das indische Kastenwesen seinen Ursprung in Zuständen, welche bei den Urariern vor ihrer Trennung bestanden haben. Unter den „reinen" Kasten der Arier sind vornehmlich drei zu unterscheiden, die der Brahmanen, der Xatrija und der Vaiçija. Zur Kaste der Brahmanen gehörten die Priester und Gelehrten, die zweite

Klasse bildeten die Krieger, zur dritten Kaste gehörten die Landbebauer, die Handwerker und Kaufleute. Die übrigen Kasten, z. B. der Paria, Tschandala u. s. w. bestanden aus den Nachkommen der alten Ureinwohner; sie galten als „unrein". Zwischen den genannten Hauptkasten bildeten sich eine Anzahl von Mittelkasten heraus, welche sich ebenso streng von einander abschlossen.

Die natürlichste Erklärung für die Entstehung des Kastenwesens gibt die Geschichte. Einerseits die Racenunterschiede, andererseits das in einem fortgeschrittenen Culturstadium entwickelte System der Arbeitsteilung haben in Verbindung mit dem unerbittlichen Selbsterhaltungstrieb der Stände und der durch Manu's Gesetzbuch hinzugekommenen religiösen Weihe die Standesunterschiede zu der noch heute bestehenden Starrheit sich entwickeln lassen. Gewöhnlich führt man die Entstehung des Kastenwesens auf die religiösen Vorschriften, wie sie im Gesetzbuche Manu's sich vorfinden, zurück. Es ist indessen schwer zu glauben, dass rein äussere religiöse Vorschriften von so tief einschneidender socialer Bedeutung sich ohne lebhafte Opposition hätten aufstellen lassen; es ist vielmehr umgekehrt anzunehmen, dass die höheren Kasten, insbesondere die Brahmanen, in eigenem Interesse die in natürlicher Entwickelung herangereiften Zustände codificiert und durch Aufnahme in Manu's Gesetzbuch zu religiösen Vorschriften gestempelt haben. Im übrigen scheint die natürliche Ausbildung des Kastensystems doch nicht ganz ohne innere Unruhen vor sich gegangen zu sein. Die Puranas (Legenden) erzählen wenigstens von erbitterten Kämpfen gegen solche, welche sich dem Gesetze der drei Kasten nicht unterwerfen wollten; dieselben hiessen Vratyas und wurden als Auswurf behandelt. Selbst gegen die Kriegerkaste hatten die Brahmanen blutige Kämpfe zu bestehen. Sie blieben indessen Sieger. Den ersten wirksamen Stoss erhielt die Autorität der Brahmanen erst durch die religiösen Lehren des Buddhismus. Andererseits hat aber gerade die religiöse Entwickelung Indiens, die Entsagungslehre und der Glaube an eine Seelenwanderung viel dazu beigetragen, dass die Einführung freierer gesellschaftlicher Formen verhindert wurde. Die Entstehung einer Kriegerkaste findet in den fortwährenden Kämpfen der Eingewanderten mit den Eingeborenen, später auch mit den nachziehenden Schaaren gleicher Race eine leichte Erklärung. Aber auch die Uebertragung der priesterlichen Funktionen vom Vater auf den Sohn war bei. bei dem komplicierten Ceremonienwesen der indischen Religion, welches eingehendes Studium, und fortwährende Uebung erforderte, sehr natürlich. Zwar finden sich Ansätze zum Kastenwesen bei allen Völkern, bei welchen das System der Arbeitsteilung bis zu einer gewissen Ausdehnung sich entwickelt hat. Aber die Strenge und Schärfe der Standesunterschiede sind für das indische Kastenwesen charakteristisch. Aus Brahma, der Weltseele, sind zunächst die Priester, dann die Krieger, dann die Bauern und Handwerker hervorgegangen, zuletzt die Sklaven. Die Brahmanen liess Brahma aus seinem Munde, die Krieger aus seinen Armen, die Vaiçija aus seinen Schenkeln, die Sudra aus seinen Füssen hervorgehen. Die Standesunterschiede sind daher von Brahma gewollt, und keine Heldenthat, kein Verdienst, kein Gefühl des Herzens kann diese Schranken durchbrechen; ja sogar äussere Kennzeichen trennen die einzelnen Stände.

Ein mächtiger Vorstoss gegen diese Entwickelung der gesellschaftlichen Verhältnisse ging vom Buddhismus aus. Gotama, mit dem Beinamen Buddha, d. i. der Erleuchtete, ein Fürstensohn, wurde der Sage nach durch die Betrachtung der menschlichen Unvollkommenheit und des menschlichen Elends zum Nachdenken über den Ursprung des Uebels und die Beseitigung desselben veranlasst. Er fand das Mittel zur Beseitigung des Uebels in der Selbstabtötung und Weltflucht. Die weitere Ausgestaltung und die Ausbreitung seiner Lehre hat sowohl auf die gesellschaftlichen als auch auf die wirtschaftlichen Verhältnisse Indiens einen grossen Einfluss ausgeübt. Hier beschäftigt uns zunächst nur die Verwerfung des Kastensystems. Buddha predigte seine Lehre allem Volke;

in der Volkssprache redete er nicht bloss zu den Gelehrten, sondern auch zu Gliedern anderer Kasten, ja er mischte sich selbst unter die Tschandalas; auch Verbrecher und Sklaven nahm er unter seine Schüler auf. Tugend und Glückseligkeit waren nach seiner Ansicht für alle auf gleichem Wege zu erreichen. „Ich sehe", sagte er, „keinen Unterschied zwischen den vier Kasten. Da meine Lehre rein ist, so macht sie keinen Unterschied zwischen Vornehmen und Geringen. Sie ist dem Wasser gleich, welches Reiche und Arme, Gute und Böse abwäscht und alle ohne Unterschied reinigt. Sie ist wie das Feuer, welches grosse und kleine Dinge verzehrt. Wie die vier Flüsse, welche in den Ganges fallen, den Namen verlieren, sobald sie ihr Wasser in den heiligen Strom ergossen haben, so hören auch die Bekenner des Buddha auf, Brahmanen, Xatrijas, Vaiçijas und Sudras zu sein."

Buddha's unerhörte Lehre, welche einen direkten Angriff auf die bestehende gesellschaftliche Ordnung enthielt, erregte grosses Aufsehen und bei den höheren Kasten natürlich grosse Erbitterung. Bald war Buddha von einer grossen Menge von Zuhörern aus allen Ständen und aus beiden Geschlechtern umgeben. Fünfundvierzig Jahre lang lehrte er, ohne einen festen Wohnsitz zu haben, an verschiedenen Orten; er starb in seinem 80. Lebensjahre, wahrscheinlich im Jahre 543 v. Chr. Trotz der heftigsten, oft genug vom Staate ausgehenden Bekämpfung gewann der Buddhismus immer mehr an Boden; um 400 v. Chr. konnte sogar ein Sudra den Thron besteigen.

Noch eine gesellschaftliche Einrichtung der Inder muss hier besprochen werden, die Sklaverei. Dieselbe bestand in Indien schon sehr früh neben dem Kastenwesen. Dieselbe ist, wie bei anderen Völkern, auch hier im Gefolge des Krieges entstanden. Doch auch die wirtschaftliche Notlage und bittere Armut mögen viele in diesen Zustand der Abhängigkeit getrieben haben. Der Buddhismus konnte die Sklaverei nicht aufheben, zumal er ohnehin den Brahmanismus nur zum Teil verdrängte. Aber auch die wirtschaftlichen Consequenzen des Buddhismus waren wenig geeignet, den Armen und

Niedrigen zur Besserung ihrer Lage zu verhelfen. Nur das Bewusstsein der theoretischen Gleichstellung aller Menschen, wie sie der Buddhismus lehrte, und, wo es anging, auch durchführte, vermochte das Los der Sklaven in etwas zu mildern.

Es erübrigt noch, über die sociale Stellung der Frauen in Indien etwas zu bemerken. Das weibliche Geschlecht hatte bei den Indern eine ziemlich freie Stellung; die Frauen wurden rücksichtsvoll behandelt; sie durften nicht hingerichtet werden. Innerhalb der Kaste durfte die Wahl der Gattin frei erfolgen; doch durfte die Witwe nicht wieder heiraten. Die Witwenverbrennung scheint in verhältnismässig später Zeit aufgekommen zu sein. Im Gesetzbuche Manu's ist diese Einrichtung nicht vorgeschrieben.

Wir gehen nun auf das Gebiet der Staats- und Volkswirtschaft über. Zunächst ist schon bemerkt worden, dass die einwandernden Arier Gaugenossenschaften mit ziemlich freiheitlicher Stammesverfassung bildeten. Der Schwerpunkt der Verwaltung lag in den Gemeinden. Je zehn Dorfgemeinden waren zu einem Canton vereinigt, für welchen ein Steuerbeamter eingesetzt war. Je zehn solcher Cantone bildeten einen weiteren Steuerbezirk mit eigenen Beamten, zehn solcher Bezirke einen Steuerkreis. Die einzelnen Gemeinden hatten die Erträge der Grundsteuer an den Steuerbeamten des Cantons abzuliefern. Die Höhe der Abgaben war je nach den staatlichen oder dynastischen Bedürfnissen verschieden; zu gewissen Zeiten stieg die Abgabe sogar bis $1/4$ der Ernte. Ausser der Grundsteuer gab es noch Abgaben aus den Grubenwerken, welche sehr hoch waren, ferner aus Zöllen und Markttaxen, welche bei dem ansehnlichen Umfang des Handelsverkehrs sehr ergiebig gewesen sein müssen. Der sechste Teil des gesamten Steuerertrages war persönliches Eigentum des Königs. Die übrigen Steuererträge wurden zu öffentlichen Zwecken, zu Bauten, zu Beamtenbesoldungen, zur Unterhaltung des Heeres u. s. w. verwendet. Die hohen Steuern, welche bei den zahlreichen Kriegen gegen die Eingeborenen, gegen die nachdrängenden neuen Einwanderer, sowie gegen eroberungssüchtige Nachbarn nötig wurden, brachten viele selbständige Existenzen in wirtschaftliche Abhängigkeit. Das von Kaufleuten, ja vielleicht selbst von Brahmanen dargebotene Wucherdarlehen führte den Ruin so mancher Grundbesitzer herbei, die ihren Besitz in die Hände der Gläubiger übergehen sahen. So vermehrte sich der Reichtum der Handelsleute und der den höheren Kasten angehörigen Personen, während die Zahl der halbfreien Parias und der Sklaven sich rasch vermehrte. Dazu kam noch die Steuerfreiheit, welche die Brahmanen wenigstens für ihre Erbgüter genossen. Je zahlreicher und umfangreicher diese wurden, desto grössere Lasten hatten die übrigen Unterthanen zu tragen.

Ausser den in Naturalien und Geld abgelieferten Steuern gab es in Indien noch eine eigentümliche Abgabe, nämlich die persönliche Steuer aller selbständigen Handwerker. Dieselben waren verpflichtet, einen Tag im Monate für den König zu arbeiten, eine Steuer, welche also drei Procent des Bruttoeinkommens betrug. An diesem dem Staate gewidmeten Arbeitstage wurden hauptsächlich diejenigen Artikel angefertigt, welche der Staat in Masse brauchte, besonders die Kleider und Waffen für die Soldaten. Tausende von Staatssklaven standen ferner der Regierung für die Frohndienste zu freier Verfügung, so dass es dem Staate nie an billigen Arbeitskräften fehlte. Fürsten und Beamte hatten durch diese Staatswirtschaft reiche Mittel zur Befriedigung ihrer Verschwendungssucht. Das Volk duldete willig alles und schmachtete in stumpfer Schlaffheit unter dem oft unerträglichen Drucke des Beamtendespotismus.

### § 3. Die Weltreiche der Assyrier, Babylonier und Perser.

Betreten wir von Indien aus die iranischen Länder, so stehen wir auf jenem geschichtlich denkwürdigen Boden, von welchem aus die Geschichte der drei grossen Weltreiche, des assyrischen, des babylonischen und des medopersischen den nachfolgenden Geschlechtern ein warnendes Mene Tekel zuruft. Hier sind die Länder, in denen dynastischer Despotismus und staatliche Misswirtschaft mächtige Dynastieen stürzten und weite Gebiete dem wirtschaftlichen Ruin entgegenführten.

Assyrien, welches als Land etwa dem heutigen Kurdistan entspricht, war zum grössten Teile von der Natur reich gesegnet. Es war seit Beginn der historischen Zeit von einem semitischen Stamme bewohnt; die Cultur der Assyrier weist indessen auf babylonische, also chamitische Elemente hin; es ist nur zweifelhaft, ob diese Cultur noch aus jener Zeit stammt, da die assyrischen Stämme noch mit dem akkadischen (babylonischen) zusammenwohnten, oder ob diese Cultur von den Babyloniern nach Assyrien im Gefolge von Kriegszügen überbracht worden ist. Ueber die älteste Geschichte des assyrischen Staates besitzen wir nur wenig sichere Nachrichten. Um die Mitte des zweiten Jahrtausends vor Chr. war Assyrien den Babyloniern unterworfen; doch erzwang es sich bald seine Selbständigkeit; seit dieser Zeit begann ein mit wechselndem Glück geführter Kampf um die Hegemonie. Schliesslich machten sich die Assyrier Babylonien, Armenien, Elam, Arabien, Syrien, einen grossen Teil von Kleinasien, Phönizien, Israel und auch den nördlichen Teil von Egypten tributpflichtig und gründeten ein grosses Reich. Durch die Zerstörung Ninive's (606?) wurde aber der Selbständigkeit Assyriens ein Ende gemacht. Die Babylonier traten den grössten Teil des Erbes an. Auf sie folgten die Meder; endlich trat Cyrus die Herrschaft in Gesamt-Iran an und begründete das persische Weltreich.

Das Volks- und Staatsleben der Assyrier beginnt für den Geschichtsschreiber mit der Städtegründung. Schon Gen. 10, 11 werden Ninive, Rehoboth Ir, Kalakh und Resen erwähnt, vier nicht weit von einander entfernte Gründungen, welche nachher in eine Stadt (Ninive) zusammenflossen. Dass diese Stadt „drei Tagereisen" gross war, wie Jonas 3, 3 erzählt wird, ist durch die eigentümliche Verbindung von Wohnhäusern, Ackerland und Weingärten, die in die Stadt eingeschlossen waren, leicht zu erklären. Andere Städte der Assyrier waren Assur, südlich von Ninive, Amida, Arrapcha, Thelassar und Mespila. Die sehr entwickelte Industrie, die reichen Erträge des Landbaues veranlassten bald einen lebhaften Handel, welcher grosse Reichtümer in das Land brachte. Zu diesen friedlich erworbenen Schätzen kam die unermessliche Kriegsbeute, welche aus den verschiedenen Feldzügen stammte. Gewaltthätigkeit und Grausamkeit sprechen aus den Bildern, welche die Grossthaten der assyrischen Könige schildern. Die gesellschaftlichen Verhältnisse von Assyrien und Babylonien sind kurz folgendermassen charakterisiert: der König besass absolute Herrschermacht; ein eigener Gelehrtenstand, welcher sich im Besitze reicher Kenntnisse befand, stand als eine Art Adel dem Könige zur Seite; sie kommen in den geschichtlichen Darstellungen unter dem Namen Chaldäer, Magier, Kasdim vor. Wie in allen Staaten des Altertums, so blühte auch in Assyrien und Babylonien die Sklaverei; dieselbe trat auch hier meistens im Gefolge des Krieges auf. Die Behandlung der Unterworfenen war bei den Assyriern eine grausamere als bei den Babyloniern; letztere behandelten, wie bekannt ist, die ins Exil geführten Juden im allgemeinen schonend.

Von den staats- und volkswirtschaftlichen Verhältnissen der westasiatischen Weltreiche geben uns die Berichte Herodots und Diodors, sowie die Keilschrifturkunden ein ziemlich klares Bild. Der König galt als die höchste Rechtsperson; das Volk war nur dazu da, um dem Könige zu dienen; seine besten wirtschaftlichen Kräfte musste es dem Könige opfern[1]).

---

[1]) Eine Art Sittenspiegel für Könige ist uns erhalten auf einer von Smith entzifferten Tontafel aus Kujundschik. Die hier verzeichneten Rechts- und Sittenvorschriften können als Ansatz zu einer Art von Constitution angesehen werden. Die Inschrift lautet: „Wenn der König nicht dem Gesetze gemäss Recht übt, so geht das Volk zu Grunde, und das Land wird entvölkert. Wenn er nicht nach dem Gesetze des Landes das Recht handhabt, so ändert der Gott, Ea, der König aller Verhängnisse, sein Geschick und ersetzt ihn durch einen anderen. Wenn er nicht nach den Wünschen seiner Grossen das Recht handhabt, so erlebt er lange Tage. Wenn er nicht dem Herkommen gemäss Recht übt, so wird sein Land überfallen. Wenn der König nach dem Gesetzbuch das Recht handhabt, so sieht er sein Land in Gehorsam. Wenn er gemäss der Schrift des Gottes Ea Recht übt, so verleihen die grossen Götter ihm dauernde Regierung und den Ruhm

Nirgends ist der Despotismus mit seinen unglückseligen Folgen so schroff hervorgetreten als in den westasiatischen Weltreichen im Altertum. Alles, was das Land producierte, oder was die Einwohner durch Handel oder industrielle Thätigkeit erwarben, diente nicht wirtschaftlichen, sondern dynastischen Interessen. Schon die einfache Erzählung vom Turmbau zu Babel ist für die ganze Thätigkeit der assyrischen Herrschaft und aller folgenden charakteristisch. Was der König thut, geschieht zunächst zu seiner eigenen Verherrlichung; die grossen Palastbauten dienen weniger zur Bequemlichkeit des Königs, als um seine Ruhmsucht zu befriedigen. Zwar thun die assyrischen Könige manches für das allgemeine Wohl, sie legen Bewässerungsanlagen an, sie erbauen Schutzdämme und Mauern, sie nehmen Flussregulierungen vor, doch scheint überall mehr der Selbsterhaltungstrieb als die Rücksicht auf die Volkswohlfahrt massgebend zu sein. Die Aussaugung des Volkes stützt diese Auffassung. Aus allen Provinzen strömen Karawanen zusammen, mit welchen die Distriktsbeamten die erhobenen Naturalabgaben als Steuer einsenden. Deputationen tributpflichtiger Fürsten überbringen die schuldigen Geschenke. Und was die Könige im grossen thun, das machen die Staatsbeamten in geringerem Massstabe. Die Paläste strotzen von Gold, Günstlinge werden mit Geschenken über-

---

der Gerechtigkeit. Wenn er einen Bürger der Stadt Sippara schlagen lässt und als Sklaven verschenkt, so wird der Sonnengott, der Himmel und Erde richtet, einen anderen Richter in seinem Lande bestellen und einen gerechten Fürsten und einen gerechten Richter statt des ungerechten berufen .... Wenn die Bürger von Babylon Silber bringen und Bestechung üben, wenn dann der Richter der Babylonier den Vorsitz führt und ihnen willfährig ist, so wird Merodach, der Herr des Himmels und der Erde, seinen Feinden Gewalt über ihn geben und sein Gut und seinen Schatz denselben ausliefern .... Wenn die Bürger von Sippara, von Nipur und von Babylon ihre Kinder den Schlachtrossen vorwerfen und von Schlachtrossen ihre Kinder zerreissen lassen, so beschleicht der Feind die Wache, die Krieger werden geschlagen, Heer und Mannschaft geschlachtet, der Gott des Hungers verschlingt des Königs Söldner ....". (S. Kaulen, Assyrien und Babylonien, 3. Aufl. S. 168 f.)

häuft, Prachtbauten werden zur Verkündigung des Herrscherruhmes erbaut, das Volk aber muss alles aufbringen.

Mit dem Sturze der assyrischen Herrschaft änderte sich die Sachlage wenig. Auch die babylonischen Herrscher kannten keine anderen staatswirtschaftlichen Principien als die Assyrier; nur mögen sie ihr Stammland mit mehr Nachsicht behandelt haben.

Ein neues, frisches Volk trat auf die Weltarena, als das **persische Weltreich** errichtet wurde. Die gesellschaftlichen Zustände der Perser erinnern stark an das indische Kastenwesen, eine Thatsache, welche wohl in der Stammesverwandtschaft eine genügende Erklärung findet. Die Perser kannten ähnlich wie die Inder einen Stand der Priester, der Krieger, der Ackerbauer und der Gewerbsleute; indessen haben sich die Standesunterschiede nicht zu solcher Strenge und Schroffheit entwickelt, wie in Indien. Als das grosse, persische Weltreich errichtet war, nahmen selbstverständlich die geborenen Perser im Staate eine besondere sociale Stellung ein; sie bildeten in gewisser Beziehung den Adel des Reiches; aus ihnen gingen die meisten Würdenträger hervor. Die Satrapen waren in den einzelnen Provinzen Stellvertreter des Königs und besassen, wie dies in einem so weiten Reiche nicht anders möglich war, ausgedehnte Rechte; dass die Wüllkür der Satrapen aber die Festigkeit des Staatsgebäudes nicht erhöhen konnte, ist leicht erklärlich.

Auch in wirtschaftlicher Beziehung war Persien ein staatlich bevorzugtes Gebiet; die übrigen Provinzen wurden hingegen hart bedrückt. Zwar berichtet man von Cyrus, dass er im Punkte der Steuererhebung mit einiger Rücksicht verfuhr. Aber schon seine Nachfolger betrachteten die einzelnen Provinzen nur als ebensoviele steuerpflichtige Personen, denen sie bestimmte Steuern auferlegten. Nach Herodot[1]) gab es im persischen Reiche zwanzig Steuerbezirke, von denen einer in Gold, die anderen in Silber ihre Abgaben entrichteten. Persien selbst als das Stammland des Königs

---
[1]) Herod. III, 89—95.

blieb von Abgaben frei. Babylonien hatte am meisten zu tragen; es zahlte ein Tausend Silbertalente; Aegypten, in zwanzig Steuerbezirke geteilt, brachte 700 Talente auf; dazu kamen noch die anderen Provinzen, die nach ihrer Grösse und ihrem Reichthum eingeschätzt waren. Im ganzen kamen 7774 Silbertalente oder etwa 45 Millionen Mark an Abgaben zusammen. Die unterworfenen Landschaften Indiens hatten in Gold zu zahlen, und zwar brachten sie 360 Talente Goldes oder etwa 22 Millionen Mark zusammen. Die nicht reichsunmittelbaren Grenzbezirke zahlten „freiwillige" Abgaben; gewöhnlich waren es Wertgeschenke, welche vorher vereinbart waren; um den Preis solcher Geschenke behielten diese Länder ihre Autonomie und erhielten keine persischen Statthalter. Die Geschenke bestanden je nach den Eigentümlichkeiten der Länder in Weihrauch, Ebenholz, Elfenbein, selbst in Sklaven. Weitere Einnahmen brachten die Regalien, die Zölle aus Bergwerken, aus der Fischerei, aus Waldungen, Salzquellen u. s. w.; nach Herodot[1]) erhob der Grosskönig sogar Steuern vom natürlichen Wasser. Die persischen Behörden verstanden es nämlich, in einer Provinz den Zufluss des Wassers durch Schleusen abzuschneiden. Litten nun die Leute nach Ablauf der Regenzeit Not, so gingen sie zum Königspalaste, stellten sich vor die Thore desselben und erhoben ein grosses Geheul. Nun gab der König den Befehl, die Schleusen zu öffnen, erhob aber dafür eine schwere Steuer. Vielleicht ist die Darstellung Herodots übertrieben; indessen soll ein ähnlicher Gebrauch noch heute im Orient fortbestehen.

Das Volk musste alles ruhig über sich ergehen lassen; denn die persische Staatsgewalt mit ihrer weithin verzweigten Verwaltung, dem trefflich eingerichteten Postwesen und der dauernden Kriegsbereitschaft eines grossen Heeres konnte jeden Aufstand leicht unterdrücken.

Wir fragen uns nun: Welche Verwendung fanden die für die damaligen Verhältnisse ungeheuren Summen, welche als Abgaben dem Könige zur Verfügung standen? Ueber

---
[1]) Herod. III, 117.

die Verwahrung und Anhäufung des Schatzes berichtet Herodot folgendes[1]): „Die Abgaben legt der König auf folgende Art in den Schatz: er giesst sie geschmolzen in irdene Gefässe und nimmt, wenn ein Geschirr voll ist, das Geschirr davon weg. So oft er dann Geld braucht, schlägt er soviel ab, als er davon braucht". Das Metall wurde also in irdene Gefässe eingeschmolzen; war ein Gefäss voll, so wurde die Hülle zerschlagen und es blieb ein cylinderförmiges Stück Gold oder Silber übrig, von welchem nach Belieben ein Stück abgeschlagen wurde. Betrachten wir nun die einzelnen Bedürfnisse des Staatshaushaltes, so müssen wir zunächst zugeben, dass der König grosse Verpflichtungen hatte, allerdings in einem anderen Sinne, als wir dies nach den Grundsätzen moderner und vernünftiger Staatswirtschaft zu verstehen gewöhnt sind. Die Kosten der Provinzialverwaltung, die Aufstellung und Unterhaltung eines Contingents zum Landheere und zur Flotte wurden von den Unterthanen der einzelnen Provinz selbst bestritten, welche diese Leistung ausser den direkt an die Centralstelle abzuführenden Abgaben aufzubringen hatten; so hatte z. B. Aegypten für die Garnison zu Memphis jährlich 120,000 Rationen Frucht zu liefern. Auch die Bedürfnisse der Hofküche wurden durch besondere direkte Naturallieferungen aufgebracht; Babylonien hatte durch vier Monate, die übrigen Teile Westirans hatten während der übrigen Monate die königliche Hofküche mit Naturalien zu versorgen. Auch die Gehälter der Provinzialbeamten wurden nicht vom Könige gezahlt, sondern von den Provinzen selbst; der Satrap erhob einfach über den für den König festgesetzten Betrag hinaus soviel, als er selbst zur Unterhaltung seines Haushalts und zur Besoldung seiner Unterbeamten brauchte. Den grössten Theil der eingegangenen Abgaben verbrauchte der König für seine persönlichen Bedürfnisse. Die berühmte, von einigen griechischen Schriftstellern so gepriesene persische Einfachheit war bei dem Reichtum der unterworfenen Länder bald einer unerhörten Ueppigkeit und Verschwendungssucht gewichen.

---
[1]) Herod. III, 96.

Der König selbst umgab sich mit einem seiner Macht entsprechenden Glanze; zahlreiche Personen, Beamte, Günstlinge, Gäste speisten täglich an der Hoftafel; der König entliess keinen vornehmen Gast ohne reiche Geschenke; noble Passionen verschlangen ungeheuere Summen. Für öffentliche Zwecke, für Bauten, für den Cultus, für Truppenbesoldungen ist daher jedenfalls nur ein verhältnismässig geringer Teil der Abgaben verwendet worden. Indessen wurde immerhin einiges für das Volkswohl gethan. Es wurde für öffentliche Unterrichtsanstalten gesorgt; Darius liess das Strassennetz verbessern und ausbauen, er richtete eine Reichspost ein, er erweiterte das Netz der Wasserstrassen, er versuchte vom Nil aus den Durchstich der Landenge zwischen dem mittelländischen und dem roten Meere; endlich stammen auch zahlreiche militärische Befestigungsarbeiten aus der Zeit des Darius.

Infolge der grossen Steuerlast des Volkes waren die wirtschaftlichen Verhältnisse desselben keine günstigen. Nur im Stammland Persien entwickelte sich selbst bei den mittleren Schichten der Bevölkerung eine gewisse Wohlhabenheit. Die Sklaverei verringerte die Produktionskosten, das Handwerk, insbesondere das Kunsthandwerk gelangte bei der Steigerung der Bedürfnisse zu hoher Blüte. Dennoch ging die Bevölkerung des persischen Stammlandes rasch ihrem Verderben entgegen. Der rasche sittliche Verfall musste auf allen Gebieten seine Begleiterscheinungen aufweisen. Die öffentliche Rechtspflege und die Verwaltung verfielen immer mehr, da die Beamten nach dem Beispiele des Hofes es vorzogen, sich dem Vergnügen hinzugeben und die dazu nötigen Summen aus dem Volke herauspressen mussten. Der Uebermut und die durch das ausschweifende Leben genährte unersättliche Goldgier bereiteten den Zusammenbruch des gewaltigen Reiches vor. Als Alexander der Grosse das Erbe der persischen Könige antrat, fand er in gewissen Landesteilen derartige wirtschaftliche Zustände vor, dass er in einigen Provinzen zeitweilig einen Steuererlass eintreten lassen musste. In den Schatzkammern des Königs und der höheren Beamten waren hingegen die vorgefundenen Schätze um so grösser. In einzelnen Fällen spotteten sie geradezu aller Beschreibung. Viele Tausende von Maultieren und Kamelen waren notwendig, um die in Parsagadä und Persepolis aufgehäuften Schätze an Gold und Silber fortzuschaffen. Die erbeuteten Schätze waren den plündernden Soldaten sehr willkommen. Aber auch dem Volke kam die Plünderung der grossen Schatzkammern zugute; das Gold kam zum Teil wieder in Umlauf. Leider starb Alexander frühzeitig. Seine Feldherren teilten das Reich; sie hatten zwar die Schätze, aber nicht die Staatsklugheit Alexanders geerbt; darum war in wenigen Jahren die alte Satrapenwirtschaft mit all ihren unseligen Folgen wieder hergestellt. Das aufs neue schwunghaft betriebene Erpressungssystem und die zahlreichen Kriege der griechischen Eroberer ruinierten das Land noch mehr. Und was die Nachfolger des Selencus übrig gelassen hatten, raubten schliesslich die römischen Proconsuln und Propräatoren.

### § 4. Aegypten.

Aus den reichen Ländern Irans und Kleinasiens begeben wir uns nun nach dem Wunderlande Aegypten, jenem schmalen Streifen fruchtbaren Landes, welcher sich zu beiden Seiten des Nil von seinen letzten Katarakten bis zur Mündung hinzieht. Hier hat die Natur mit ihren Reizen gekargt. Aegypten hat keine Gold-[1]) und Silbergruben, seine Landschaften bieten kein besonderes Interesse, sein einziger Reichtum ist der Ertrag seiner Felder. Und doch ist die Cultur dieses Landes eigenartig und bewundernswert, seine Geschichte fesselnd, ja in manchen Partieen grossartig.

Die ältesten Aegypter waren eingewanderte Chamiten. Die Anfänge der Staatenbildung auf ägyptischem Boden beruhen auf dem friedlichen Zusammenschluss kleinerer Gaue, nicht auf kriegerischen Unternehmungen. Der älteste Staat

---

[1]) Nur die oberen Nilländer lieferten ehemals Gold; die einzelnen Fundorte sind bezeichnet auf einer in Turin aufbewahrten Landkarte, welche aus der Zeit Sethosis I. stammen soll.

bildete sich am Fusse des äthiopischen Hochlandes; die Zeit ist nicht genau bestimmbar; wahrscheinlich geschah dieser Zusammenschluss gegen Anfang des 3. Jahrtausends. Nach der Hauptstadt wird der Staat von den Geschichtsforschern Meroe genannt. Die zu diesem Staate gehörenden Stämme waren Nomaden, welche teils Ackerbau, teils Viehzucht trieben; auch die Industrie von Meroe wurde bald bekannt. Die Verfassung war aristokratisch und hierarchisch zugleich, da die Priesterschaft die Regierung in der Hand hatte. Der ägyptische König Sesostris unterwarf schliesslich das Gebiet von Meroe. Die älteste Staatenbildung in den nördlicheren Teilen von Aegypten hatte ihr Centrum auf dem Boden von Memphis. Hier soll der halbmythische König Menes oder Mena mehrere kleine Gaue zu einem Staatenbunde unter priesterlicher Herrschaft vereinigt haben; doch sind diese ältesten Perioden ägyptischer Staatengeschichte noch in Dunkel gehüllt. Sicher ist nur, dass ein erobernder Stamm von bisher noch unbekannter Herkunft, die Hyksos, in Aegypten einbrachen und die ägyptische Cultur nach Süden zurückdrängten; nach vier oder fünf Jahrhunderten befreiten sich hingegen die Aegypter von dieser Fremdherrschaft. Von nun an entwickelte sich das Staatswesen sehr rasch und Aegyptens Macht gelangte zu hoher Bedeutung.

Lenken wir unseren Blick nun zunächst auf das Gebiet des gesellschaftlichen Lebens, so tritt uns als charakteristische Erscheinung das Kastenwesen entgegen. Dasselbe beruhte auch hier, wie in Indien, auf ethnischen Verschiedenheiten. Die Einwohner Aegyptens bestanden aus zwei Hauptstämmen, einer dunkelfarbigen und einer helleren Race; die letztere wurde die herrschende, ihr gehörten daher die höchsten Kasten an. Die erste derselben bildeten die Priester; sie waren die Nachkommen derjenigen, welche das grösste Wissen, die beste Bildung und den mächtigsten Einfluss unter den ältesten Einwanderern besessen hatten. Diodor[1]) bemerkt über diese Kaste folgendes: „Die Priester stehen in der höchsten Achtung bei den Einwohnern, nicht nur, weil

---

[1]) Diodor I, 73.

sie den Dienst der Götter besorgen, sondern auch weil diese kenntnisreiche Männer durch ihren Rat viel Gutes stiften. Der Grund und Boden ist in drei Teile geteilt, und der erste gehört den Priestern: die Einkünfte aus jenen Gütern verwenden dieselben zum Opferdienst für ganz Aegypten, zum Unterhalt ihrer Gehilfen und für ihre eigenen Bedürfnisse. Man hielt es nämlich für zweckmässig, mit dem Dienste der Götter nicht zu wechseln, sondern ihn immer von denselben Leuten gleichmässig besorgen zu lassen; dann aber wollte man die Männer, welche alles vorzuberaten hatten, nicht an dem Notwendigsten Mangel leiden lassen. Denn die wichtigsten Angelegenheiten werden durchgängig zuerst den Priestern zur Beratung vorgelegt, die immer um den König sind, weil er bald ihrer Mitwirkung, bald ihrer Anleitung und Belehrung bedarf."

Aus dieser Schilderung Diodor's ergiebt sich das Amt, sowie die sociale und politische Stellung der Priesterkaste. Sie hatten den Göttern zu dienen und sich den Wissenschaften zu widmen, um den König beraten zu können: sie standen dem Könige als Gehilfen oder Räte zur Seite. Dafür standen sie aber auch wirtschaftlich günstig; sie waren frei von allen Abgaben und besassen den dritten Teil des Landes als erbliches und unveräusserliches Eigentum. Auch äusserlich, nämlich durch ihre Kleidung und ihre äussere Lebensweise unterschieden sie sich von dem übrigen Volke. Die an den Tempeln beschäftigten Priesterkollegien verteilten die erforderlichen Arbeiten unter ihre Mitglieder nach dem Grade der Befähigung des Einzelnen; ein Teil der Priester beschäftigte sich auch mit der Heilkunde.

Der gesetzlich geregelte Einfluss der Priester auf den König war ein solcher, dass man eigentlich von einer thatsächlichen Herrschaft des Königs kaum reden kann. Sogar das private Leben des Königs war durch gesetzliche Vorschriften geregelt und stand unter der Aufsicht der Priester. Das Königtum war erblich, der König war stets in die Priesterkaste aufgenommen; er genoss fast göttliche Verehrung. Erlosch eine Dynastie, so wählten die Priester aus den Kriegern einen König. Die Opfer für den Staat konnte der in die Priesterkaste aufgenommene König selbst darbringen. Der Zaun, welcher um die persönliche Freiheit des Königs gezogen war, musste für den letzteren sehr unbequem sein; im Grunde genommen waren aber die gegebenen Vorschriften insofern von heilsamer Wirkung, als das Volk vor der Willkür eines Einzigen geschützt wurde. Es gab kaum eine Herrscherhandlung, die nicht durch irgend eine bestehende Vorschrift geregelt gewesen wäre. Der Einfluss der Priester erstreckte sich aber auch auf das gesamte Gerichtswesen; Priester bildeten den obersten Gerichtshof, an welchen man von der Entscheidung der Vorsteher eines einzelnen Gaues appellieren konnte. Auch die Richter waren aber in ihrer Thätigkeit nicht unumschränkt; sie hatten nur über die Schuld des Angeklagten zu befinden, das Strafmass war durch die Gesetze vorgeschrieben.

Die zweite Kaste bildeten die Krieger. Auch sie gehörten zum Adel der Nation. Diese Kaste war zu der Zeit der höchsten Blüte Aegyptens 410 000 Mann stark. Wer in dieser Kaste geboren war, der musste Krieger werden; einem anderen Berufe sich zuzuwenden, war ihm streng verboten. Ausser der Bewachung des Königs hatten die Krieger die Verteidigung der Landesgrenzen zu übernehmen. Sie besassen dafür ein zweites Drittel des Landes; jede Kriegerfamilie hatte ein Lehen von bestimmter Grösse (12 000 Quadrat-Ellen) steuerfrei. So band man die Krieger an die Scholle des Vaterlandes. Ausser den zu der Kriegerkaste gehörenden Soldaten gab es aber auch noch Söldner.

Den letzten Stand bildeten die Ackerbauer, Handwerker und Kaufleute. Die einwandernden Eroberer hatten nicht bloss die höchste sociale Stellung, sondern auch den grössten Teil des Ackers für sich in Anspruch genommen. Was übrig blieb, konnte von den Unterworfenen bebaut werden. Priester und Krieger bebauten ihr Land nicht selbst, sondern verpachteten es, so dass der Stand der Ackerbauer eine grosse Anzahl von Pächtern zählte. In diese letzte Kaste gehörten auch die Künstler und Handwerker, die Schiffer und Hirten.

Ueber den inneren Ausbau dieser dritten Kaste wissen wir wenig; sie war in Unterabteilungen geschieden, von welchen jede ihre eigenen Gesetze besass. Die Strenge, mit welcher man in Indien an den Kastenunterschieden festhielt, bestand in Aegypten nicht. Heute giebt es keine Kasten mehr in Aegypten; allerdings haben die geschichtlichen Ereignisse zu wiederholten Malen Aegyptens Cultur von Grund aus umgestaltet.

Ausser den Kasten bestand in Aegypten selbstverständlich auch die Sklaverei. Sowohl der Staat als auch Privatleute besassen Sklaven, welche meistens Kriegsgefangene oder erkaufte Neger waren. Das Schicksal der Neger scheint also schon sehr früh ein ähnliches gewesen zu sein wie heute, nämlich die wirtschaftliche und sociale Inferiorität gegenüber der helleren Race.

Gehen wir nun näher auf die Staatswirtschaft der Aegypter ein, so ist zunächst die Aufbringung und Verwendung der Steuern zu betrachten. Der socialen Stellung des Königs entsprechend waren die Einnahmen desselben sehr reiche. Ihm gehörte ein Dritteil des Landes, da ihm der dritte Teil von dem Ertrage desselben abgeliefert werden musste; ausserdem brachten die nubischen Goldbergwerke und verschiedene Zölle reiche Erträge. Demgemäss war auch die Hofhaltung eine äusserst glänzende, wie sie der fast göttlichen Verehrung, welche dem Könige gezollt wurde, entsprach. Mit besonderer Vorliebe wurden die überflüssigen Einnahmen zu prunkvollen und gewaltigen Bauten verwendet, wovon das Buch Exodus, auch vor allem aber die heutigen Ueberreste Zeugnis geben. Ueber den Zweck der Pyramiden ist viel gestritten worden. Man hat ihnen einen wirtschaftlichen Wert zuerkennen wollen, indem man sie als Beobachtungstürme ansah, welche militärischen oder astronomischen Zwecken dienen sollten; man hat in ihnen sogar Getreidemagazine vermutet: allein dann hätten sie luftiger gebaut sein müssen; sie sind indessen luftdicht verschlossen. Wahrscheinlich waren sie Grabmonumente, also Luxusbauten. Doch auch gemeinnützigen Zwecken wendete sich die Fürsorge der ägyptischen Staatsleitung zu; sogar für wissenschaftliche Zwecke gab man Geld aus. Die Geschichte berichtet von mehreren Expeditionen zur Erforschung der Nilquellen, z. B. unter Psammetich I. König Necho (609—595) sandte sogar eine Expedition zu weiten geographischen Entdeckungsreisen aus; die Mitglieder dieser Expedition bestanden hauptsächlich aus Phöniziern, die sich für weite Seereisen vorzüglich eigneten. Das Polizeiwesen war in Aegypten gut ausgebildet; auch das Militär erfreute sich einer guten Organisation. Dass man auch der Volksernährung Fürsorge zuwendete, beweisen die staatlichen Getreidespeicher, von denen in der Genesis die Rede ist. Der Ausbeutung der nubischen Goldminen brachte man selbstverständlich grosses Interesse entgegen; denn die darauf gewandte Mühe war eine sehr lohnende.

Die wirtschaftlichen Verhältnisse des Volkes waren sehr ungleiche. Während die Priester und Krieger reichlich versorgt waren, befand sich ein grosser Teil des niederen Volkes in äusserst dürftigen Umständen. Ueber die Art der Bodenverteilung bei den Aegyptern in der frühesten Zeit ist man sich heute noch nicht recht klar. Sicher ist, dass der Ertrag der Staatsländereien in drei Teile geteilt wurde, wovon der König, die Priesterkaste und die Kriegerkaste im allgemeinen je einen Anteil erhielten. Ob nun alles bebaute Land Staatseigentum oder, richtiger gesagt, Eigentum der herrschenden Klassen war, und alle Ackerbauer somit nur Pächter waren, ist zweifelhaft[1]). Jedenfalls hatte der einzelne Bauer, da sein Ackerland nicht einem einzigen persönlichen Grundherrn gehörte, sondern alle herrschenden Kasten gleichen Anteil an demselben Stück Land hatten, eine gewisse persönliche Freiheit. Ob die Feldmark allen Bewohnern eines Ortes gemeinsam war und von Zeit zu Zeit in wechselnden Losen unter die Ortsbewohner verteilt wurde, muss dahin-

---

[1]) S. Braunschweig, Geschichte des allgem. polit. Lebens der Völker im Altertum, Hamburg, 1830, I. Bd. S. 133 f. Dieser gelehrte Forscher meint, dass es auch freie Landbebauer gegeben habe; ihm stimmt Fr. v. Hellwald bei; Kolb verneint dies.

gestellt bleiben. Dass einzelne Personen höherer Kasten ausser dem Anteil am gemeinsamen Boden auch noch Privateigentum besassen, soll sicher sein. Es ist daher nicht ausgeschlossen, dass auch in der dritten Kaste Privatbesitz von Grund und Boden vorhanden gewesen ist.

Ausser dem Ackerbau, welcher in Aegypten sehr gepflegt und rationell betrieben wurde, blühte auch das Handwerk. Im Weben und Färben der Leinwand, in der Glaserzeugung, in der Töpferei, in Elfenbein- und Metallarbeiten waren die Aegypter schon früh sehr geschickt. Die Erzeugnisse der Industrie wurden durch die Phönizier zur See, durch Beduinenkarawanen zu Lande in den Handel gebracht.

Trotz der Blüte des Ackerbaues und des Gewerbes war die Lage des ärmeren Volkes eine sehr gedrückte, einerseits wegen der rasch wachsenden Dichtigkeit der Bevölkerung, welche sowohl von Herodot als auch von Diodor bestätigt wird, andererseits wegen der staatlichen Verfassung, welche die Macht wenigen Personen in die Hände legte. Aus den riesigen und kostspieligen Bauten glaubt Buckle mit Recht auf einen fast sklavischen Zustand des ärmeren Volkes schliessen zu dürfen. „Kein noch so grosser Reichtum, kein noch so verschwenderischer Aufwand war im stande, die Kosten zu decken, welche es verursacht haben würde, wenn diese Bauwerke das Werk freier Männer gewesen wären, die für ihre Arbeit einen billigen und ehrlichen Lohn erhalten hätten[1]."  Jedenfalls sind die staunenswerten Bauwerke kein Zeichen einer auf allen Gebieten weit fortgeschrittenen Culturentwickelung; sie geben nur Zeugnis von ungesunden socialen Verhältnissen, von jener Geringschätzung des Menschenlebens und der Menschenwürde, die sich im Altertum ganz besonders breit macht.

---

[1]) Buckle, Geschichte der Civilisation in England, 2. Ausg. I, 79. Nach Herodot (II, 175) waren 2000 Mann drei Jahre lang beschäftigt, einen einzigen Stein von Elefantine nach Sais zu schleppen; der Kanal nach dem roten Meere kostete allein 120,000 Aegyptern das Leben; der Bau einer der Pyramiden nahm nach Diodor (I, 63) die Arbeit von 360,000 Personen während zwanzig Jahren in Anspruch.

## § 5. Die Phönizier.

Der flache Küstenstrich vom Libanon bis zur Nordgrenze Arabiens war im Altertum von einigen stammverwandten Völkerschaften bewohnt, für welche sich die Bezeichnung Kanaaniter fixierte. Einer dieser Stämme, der nördlichste, welcher zwischen dem Vorgebirge Karmel und der Orontesmündung sass, erhielt von den Griechen den Namen der „Phöniker" (lat. Poeni oder Puni). Dieses Volk ist chamitischer Abstammung; indessen schon früh hatten die Phönizier von den ihnen nach verschiedenen Seiten hin benachbarten Semiten, insbesondere von den Aramäern, einen semitischen Dialekt angenommen.

Das Land der Phönizier war im Altertum sehr fruchtbar. Der vorzügliche Boden und das von der Seeluft gemilderte Klima begünstigte den Anbau der edelsten Getreidesorten, des Weines, der Maulbeere, der Olive, Orange und vieler anderen edlen Früchte. Die Lage des Landes war eine sehr günstige; fast von allen Seiten her waren die Phönizier von Culturvölkern eingeschlossen; die Nähe des Meeres und das zum Schiffsbau vorzüglich geeignete Cedernholz luden zur Schifffahrt ein. So waren in Phönizien alle Bedingungen für ein rasches Vorwärtsschreiten der Cultur gegeben.

Ueber die älteste Staatenbildung in diesem reich bevölkerten Ländchen haben wir wenig sichere Nachrichten. Die ältesten Städte waren Sidon, Aradus, Arke, Sin, Hamath, Simyra und Berytus. Im Laufe der geschichtlichen Entwickelung gruppierten sich die vorhandenen Stämme zu drei festeren Verbänden, deren Centren Sidon, Tyrus und Aradus waren. Die schwächeren Stämme mögen sich schon der Selbsterhaltung wegen bei drohenden Gefahren den stärkeren unterworfen haben. Sidon erlangte schliesslich die Hegemonie; Tyrus und Aradus blieben in mancher Beziehung von Sidon abhängig. Ein Einheitstaat ist nie zu stande gekommen, doch mögen gemeinsame Interessen auch gemeinsam beraten worden sein.

Die älteste Verfassung war eine aristokratische; die reichsten und von jeher mächtigsten Geschlechter behielten sich bei der Aufnahme neuer Bürger besondere Rechte vor; die Einwohner eroberter Gebietsteile mussten sich mit der niedrigsten socialen und politischen Stellung begnügen. Der ganze Adel war in drei Tribus geteilt, von welchen jede zehn Genossenschaften umfasste; jede Genossenschaft zählte wieder zehn Geschlechter. Die Vertreter der 300 Geschlechter bildeten den grossen, die der 30 Genossenschaften den kleinen Rat; in den Händen dieses Senates lag die meiste Macht. An der Spitze der Adelsgeschlechter stand zuerst der Hohepriester, welchem ein richterlicher Beamter, ein Schopheth, zur Seite stand. Später erst bildete sich das Königtum aus; aber die Adelsgeschlechter wussten sich auch dem Könige gegenüber ihren Einfluss auf die Regierung zu sichern. Das ärmere Volk, insbesondere die Fabrikarbeiter, versuchten öfters aus ihrer fast sklavischen Stellung herauszukommen; bei der hohen Entwickelung der Industrie und des Handels wuchs überdies in dem Arbeiter das Gefühl der Unentbehrlichkeit, und so scheint es nie an inneren, politischen Gährungen gefehlt zu haben; manchmal waren die Bemühungen der unteren Klassen auch nicht erfolglos, sie errangen sich eine gewisse Machtstellung. Es kam auch vor, dass der König sich selbst an die Spitze des Volkes stellte, um die Macht des Adels zu brechen, welcher letztere dann die Macht der Aufrührer durch Kriege oder Kolonisationen abzulenken suchte. Die zahlreichen Kolonieen der Phönizier, sowohl die Ansiedelungen im eigenen Lande als auch in fremden Gebieten (Carthago, Sicilien, Spanien) sind daher als Versuche zur Lösung socialer oder politischer Schwierigkeiten anzusehen.

Gehen wir nun auf die wirtschaftlichen Verhältnisse über, so bemerken wir zunächst, dass die ältesten Geschlechter nicht bloss die politische Macht, sondern auch den grössten Teil der Erwerbsquellen, insbesondere den Acker an sich gebracht hatten. Nahezu der ganze Grund und Boden bestand aus Krongütern, Tempelgütern oder erblichem Besitztum der herrschenden Geschlechter. Letztere bebauten indessen ihre

Aecker nicht selbst, sondern verpachteten dieselben; die Pächter hatten ein Viertel des Reinertrages als Zins abzuliefern. Ausserdem hatte jeder Landesbewohner für die Landesgötter den Zehnten zu entrichten. Die Pächter waren auch in der Wahl ihrer Wohnsitze abhängig und wurden daher bei ausbrechenden Unruhen oft versetzt.

Die Industrie und der Handel waren nur zum Teil in den Händen der herrschenden Geschlechter. Phönizien betrieb einen staunenerregenden Welthandel, welcher auf den allgemeinen Wohlstand günstig einwirkte. Durch Colonisation wurde die Uebervölkerung verhindert, die Kolonieen leiteten unzufriedene Elemente aus dem Vaterlande ab, endlich begünstigte der Handel auch die produktive Kapitalanlage und verhinderte unwirtschaftliche Goldanhäufungen, wie sie bei den Babyloniern und Persern vorkamen. Die Verpflichtung zur Abordnung von Gesandtschaften und zur Entrichtung der landesüblichen Abgaben erinnerte die Kolonien stets an ihr Abhängigkeitsverhältnis. Die Verfassung der letzteren war meist dieselbe wie im Mutterlande; überall ging die Gewalt immer mehr in die Hände der übermütigen Goldaristokratie über, welche Staat und Volk ihren materiellen Interessen dienstbar zu machen suchte.

## § 6. Die Israeliten.

Wir betreten nun den ewig denkwürdigen Boden Palästinas und sind hier in der glücklichen Lage gerade bei der Darstellung der gesellschaftlichen und wirtschaftlichen Verhältnisse aus reichen Quellen schöpfen zu können, welche die Vorführung eines klaren Bildes ermöglichen. Die materielle Cultur der Israeliten wurde zwar von derjenigen aller übrigen Völker des Altertums übertroffen; in Künsten und Wissenschaft haben alle übrigen alten Culturvölker mehr geleistet als die Juden; aber zwei Dinge sind es, welche ihnen einen hervorragenden Platz der Culturgeschichte sichern, der hoch entwickelte Gottesbegriff und die sociale Gesetzgebung.

1. **Entwickelung der Verfassung.** In den frühesten Zeiten besassen die Väter die weitgehendsten Rechte inner-

halb des Kreises der Familie und der Hausgenossen. Gründete einer der Söhne eine eigene Familie, so ging nur ein Teil der väterlichen Rechte auf ihn über. Erst mit dem Tode des Vaters erhielten die Söhne völlige Freiheit und damit auch die höchste Gewalt in den von ihnen begründeten Familien. Nach Jakobs Tode teilten sich die Israeliten in zwölf Stämme, jeder Stamm umfasste eine Anzahl von Geschlechtern, zu jedem Geschlechte gehörten mehrere Vater- oder Stammhäuser, welche aus einzelnen Familien bestanden. Die einzelnen Stämme und Geschlechter hatten ihre eigenen Häupter, die Häupter der Geschlechter waren den Stammeshäuptern untergeordnet. Die Vorgesetzten der Stämme, Geschlechter und Vaterhäuser hiessen die „Aeltesten"; ihre Machtbefugnisse waren durch das Herkommen geregelt. Eigene Schreiber sorgten für die Anfertigung der Geschlechtsregister und die daraus hervorgehenden Geschäfte, insbesondere die Aushebung zum Kriegsdienste. Diese Staatsordnung kann als eine patriarchalische bezeichnet werden; sie trägt weder monarchische noch republikanische Elemente in sich. Die mosaische Gesetzgebung änderte an dem Zustande nichts.

Als obersten Herrn sah das Volk Gott den Herrn selbst an. Das Amt der „Richter", welche in der Zeit von Josue bis Samuel genannt werden, war vorzugsweise ein militärisches und entsprach etwa demjenigen des römischen Diktators. Hatte der Richter seine Sendung vollendet, so kehrte er in das Privatleben zurück; der Versuch des Abimelech, eines Sohnes Gedeons, König zu werden, misslang. Erst unter Samuel trat eine Centralisation der obrigkeitlichen Gewalt ein. Dieselbe war nach I. Sam. 8, 4 durch die allgemeine Unzufriedenheit mit der Rechtspflege der Söhne Samuels veranlasst. Der König hatte wie der Richter vor allem die höchste militärische Gewalt, ausserdem bildete seine Person die letzte Instanz in einem gerichtlichen Streite. In seinen sonstigen Befugnissen war er durch das mosaische Recht beschränkt. Die Einnahmen des Königs bestanden, abgesehen von dem privaten Grundbesitz, in teils freiwilligen, teils vereinbarten Geschenken und Abgaben des Volkes, in dem Anteil an der Kriegsbeute, sowie in den Zöllen, welche auf die Waren gelegt waren. Die Hofhaltung wurde mit der Zeit eine sehr glänzende. Wie zahlreich die am Hofe beköstigten Personen waren, zeigt I. Kön. 4, 22, wo Salomon's Hofhaltung näher beschrieben wird. In derselben wurden täglich verbraucht: 30 Kor[1]) Kernmehl und 60 Kor gewöhnliches Mehl, 10 fette Rinder und 30 Rinder von der Weide, 100 Schafe, ferner Wildpret von Hirschen, Rehen und Büffeln, endlich gemästetes Federvieh.

Der König hatte einen Rat um sich, welcher aus dem Hohenpriester und den Stammesältesten bestand: an die Stelle der letzteren traten später Palastbeamte; ausserdem beschäftigte der König eine grosse Anzahl von anderen Würdenträgern verschiedener Art. Während David das theokratische Königtum durch weisen Ausbau der Verfassung auf festen Boden gestellt hatte, begann schon unter Salomo immer mehr die orientalische Despotie sich breit zu machen; dieselbe hatte schon nach Salomos Tode eine Erhebung des Volkes und die Spaltung des Reiches zur Folge. Durch die Zerstörung der beiden Reiche verloren die Israeliten ihre politische Autonomie; im Exil kehrte die richterliche und obrigkeitliche Gewalt, soweit sie nicht durch die fremde Macht beschränkt war, wieder an die Stammeshäupter zurück; dieselben wurden im allgemeinen während des Exils in der Ausübung ihrer Befugnisse wenig beschränkt. Nach Beendigung des Exils stellte Esra den alten Cultus wieder her und regelte auch das politische und kommunale Leben nach dem mosaischen Gesetze. Abgesehen von dem an die Perser zu zahlenden Tribute genossen die Israeliten völlige politische Freiheit. Erst unter den Nachfolgern Alexanders d. Gr. ging dieselbe immer mehr verloren. Alexander selbst gewährte den Juden völlig freie Religionsübung und änderte auch nichts in ihrer Verfassung; nur nahm er dieselben Oberhoheitsrechte für sich in Anspruch, welche der Perserkönig besessen hatte. Auch unter den Ptolemäern genossen

---

[1]) Ein Kor enthielt 393 Liter.

die Israeliten eine relative Freiheit. Doch unter den Seleuciden ging sie immer mehr verloren, bis sie durch die Makkabäer wieder erkämpft wurde. Unter dem Makkabäer Simon wurde die Fürstengewalt mit der hohenpriesterlichen Würde vereinigt. Mit dem Eindringen der Römer ging der grösste Teil der Autonomie verloren; das herodianische Königtum galt als illegitim und wurde von den Israeliten nicht anerkannt.

2. Die Familie. Das Familienleben der Israeliten ist ein verhältnismässig so reines und edles, wie sonst bei keinem anderen Volke des Altertums. Dem Abschluss einer Ehe ging die Werbung und Verlobung voraus. Verboten war die Ehe mit heidnischen Frauen oder Männern sowie mit Verwandten bis zum zweiten Grade; Blutschande wurde als ein fluchwürdiges Verbrechen mit dem Tode bestraft; einige Arten der Ehen mit Verwandten werden wenigstens mit zeitlichen Strafen der göttlichen Gerechtigkeit bedroht (Lev. 18, 12—14, 16, 18; 20, 19—21). Ehebruch, Verführung, Vergewaltigung wurden streng geahndet, einige dieser Vergehen sogar mit der Steinigung. Die Frauen genossen im allgemeinen dieselben socialen Rechte, wie die Männer, sie traten selbst im öffentlichen Leben handelnd auf, wie die Geschichte berühmter biblischer Frauen des Alten Testamentes zeigt.

Die Ehe war grundsätzlich eine monogamische; die auf altem Herkommen und orientalischer Sitte beruhende Annahme von Nebenfrauen war im mosaischen Gesetze durch besondere Bestimmungen beschränkt. Starb ein Ehemann, ohne einen Sohn oder überhaupt Kinder zu hinterlassen, dann hatte der älteste der noch unverheirateten Brüder des Verstorbenen das Recht, in gewissem Sinne sogar die Pflicht, sich mit der Witwe des Bruders zu verheiraten (Leviratsehe); erst wenn er dies ablehnte, durfte die Witwe mit einem Fremden eine Ehe eingehen. Die Ehescheidung war nur unter gewissen Voraussetzungen gestattet.

3. Die Rechte der Dienenden. Das mosaische Gesetz unterscheidet Mietlinge, israelitische Knechte und heidnische Sklaven.

Der Mietling oder Lohnarbeiter war frei und wurde für einen Tag oder für längere Zeit gedungen; der Lohn musste ihm vor Sonnenuntergang bezahlt werden, wenn er es verlangte. Dem Mieter gehörte der ganze Ertrag seiner Arbeit, sowie alles, was der Mietling während der Dienstzeit okkupiert oder gefunden hatte. Zu Sklavenarbeiten durfte der Mietling nicht verwendet werden.

In den Zustand der Knechtschaft konnte der Israelit geraten durch freiwilligen oder gesetzlich erzwungenen Verkauf; verkauft wurde z. B. der Dieb, der nicht aus eigenen Mitteln restituieren konnte. Der Israelit konnte an Israeliten oder auch an Fremde verkauft werden. War der Käufer ein Israelit, so hatte er bestimmte Verpflichtungen gegen den Knecht; er musste ihn wie einen Stammesgenossen behandeln. Hatte der Knecht sechs Jahre lang gedient, so wurde er frei; jedenfalls aber brachte ihm das nächste Jobeljahr[1]) die Freiheit. Die Knechtschaft eines Israeliten bestand eigentlich nur in dem Anspruch seines Dienstherrn auf die Kräfte des Dienenden und auf den ganzen Ertrag seiner Arbeit; seine sonstigen persönlichen Rechte verlor er nicht, insbesondere nicht das Recht des Eigentums; er durfte also Besitz rechtsgiltig erwerben. Einem Knechte, welcher von seinem Herrn körperlich verstümmelt worden war, musste die gesetzmässige Sühne geleistet werden, wie einem Freien. Zu gewissen harten Arbeiten durfte der israelitische Knecht nicht herangezogen werden. War der Käufer des israelitischen Knechtes ein Fremder, d. h. ein Nicht-Israelit, so hatte der Kaufvertrag nur dann Giltigkeit, wenn der Käufer das Recht der Auslösung seines Knechtes anerkannte; diese konnte durch seine Verwandten erfolgen, welche dem Herrn einen bestimmten Lösungspreis zu entrichten hatten. Sah sich der israelitische Knecht von seinem Herrn in seinen Rechten bedroht, so konnte er den Schutz der eigenen (jüdischen) Obrigkeit anrufen.

---

[1]) Jedes 50. Jahr war ein Jobeljahr.

Etwas anders gestaltete sich das Verhältnis der fremden Sklaven. In die Sklaverei konnte man geraten durch Kauf, durch Geburt aus einer Sklavenehe und durch Kriegsgefangenschaft. Nur der Fremde, welcher im Kriege gefangen worden war, durfte als Sklave behalten oder verkauft werden. Die Anzahl solcher Sklaven war bei der geringen äusseren Macht der Israeliten keine grosse; überdies wurden die männlichen kanaanitischen Feinde meist getötet und nur die Weiber und Kinder als Beute heimgeführt. In denjenigen Kriegen jedoch, welche nicht gegen die Kanaaniter geführt wurden, wo dies also ohne Gefahr für die Sicherheit des israelitischen Volkes geschehen konnte, war es gestattet, die Gefangenen am Leben zu lassen und zu knechten. Die meisten Sklaven kamen wohl durch Kauf an ihre Herren; die benachbarten Phönizier unterhielten einen lebhaften Sklavenhandel. Auch den fremden Sklaven gegenüber waren die Rechte des Israeliten durch das mosaische Gesetz beschränkt. Der Herr hatte kein Recht über Leben und Tod des Sklaven. Tötete er einen Sklaven, so sollte er mit dem Tode bestraft werden; verstümmelte er seinen Sklaven, so musste er ihn freilassen; letzteres geschah durch die Aushändigung eines Freibriefes.

Eine Mittelstufe zwischen heidnischen und israelitischen Knechten nahmen die sog. „hebräischen" Knechte ein, d. h. diejenigen, welche zwar von Heiden abstammten, aber als Proselyten der Gerechtigkeit die mosaische Religion annahmen. Ihre Beziehungen zu den israelitischen Herren waren wegen der mosaischen Reinigungsgesetze andere, als die der fremden Sklaven; letzteren war z. B. die Bereitung der Speisen für die Familie, die Berührung des Weines u. dergl. untersagt. Die „hebräischen" Sklaven blieben so lange in ihrem Abhängigkeitsverhältnis, als sie bei der Familie des ersten Herrn verweilten und nicht freigelassen waren; wurden sie hingegen von dem ersten Besitzer an einen Israeliten oder einen Fremden verkauft, so erlangten sie ebenso wie die israelitischen Knechte im Jobeljahre oder nach sechsjähriger Dienstzeit (also im siebenten Dienstjahre, nicht im allgemeinen Sabbatjahre) die Freiheit, ja die Herren mussten sie sogar beim Abgange beschenken. Der hebräische Knecht konnte aber auch auf die Freilassung verzichten; er musste sich jedoch dann das eine Ohr durchbohren lassen, zum Zeichen lebenslänglicher Knechtschaft; die „hebräischen" Knechte genossen jedoch oft, wenn sie freiwillig im Dienste verblieben, eine familiäre Behandlung.

Hatte der Hebräer ein Mädchen oder ein Weib als Gefangene aus dem Kriege heimgeführt und ihr die Ehe versprochen, so musste er sie, wenn er nach vollzogener Beiwohnung sein Wort nicht einlösen wollte, ohne Entgelt freilassen.

Der Sklave genoss, selbst wenn er Heide war, alle Wohlthaten des mosaischen Gesetzes, insbesondere die Sabbatruhe; an den Sabbaten und an den Feiertagen, an welchen geruht werden musste, war auch der Knecht von der Arbeit befreit. Im Sabbatjahre genossen die Sklaven bei ihrer Arbeit manche Erleichterung. Sie konnten an den Pilgerreisen der israelitischen Familien, ja sogar an einigen Opfermahlzeiten teilnehmen.

Aus allem ergiebt sich, dass bei keinem Volke des Altertums die Ehre, die Menschenwürde, die Freiheit eines Jeden, selbst des Fremdlings, so heilig gehalten wurde, dass bei keinem Volke die Dienstbarkeit so erträglich gestaltet wurde, wie bei den Israeliten. Die grundsätzliche **Anerkennung der Gleichheit aller Menschen** finden wir schon im Buche Job ausgesprochen mit den Worten: „Wenn ich das Recht meines Sklaven oder meiner Sklavin gekränkt hätte, was thäte ich, wenn Gott aufstände und es rügte, was erwiderte ich ihm? Hat er, der mich erschaffen hat, nicht auch sie im Mutterleibe erschaffen und in gleichem Schoosse gebildet[1])?" Ein zweites Motiv für die Milde der socialen Gesetzgebung wird den Israeliten nahe gelegt durch die Erinnerung an ihre eigene Knechtschaft in Aegypten. „Gedenke, dass du selbst auch gedient hast im Lande Aegypten,

---

[1]) Job, 31, 13—15.

und dass der Herr dein Gott dich befreit hat, und darum gebe ich dir jetzt dieses Gesetz[1])." Endlich verheisst der Herr seinen Segen denjenigen, welche dieses Gesetz in allen seinen Punkten erfüllen[2]).

### 4. Wirtschaftliche Verhältnisse und Armenpflege.

Die mosaische Gesetzgebung hat durch weise Massregeln über das Erbrecht und über die Veräusserung der Güter einer Verarmung der einzelnen Familien und einer Ansammlung von Grundbesitz in einer Hand möglichst vorzubeugen gesucht. Entsprechend dem theokratischen Charakter des israelitischen Staates war auch das Recht des Israeliten an dem ihm zugewiesenen Grund und Boden kein unbeschränktes; es war ein Nutzniessungsrecht, da das Gesetz ausdrücklich Gott als den ersten Eigentümer anerkannte. An das Obereigentum Gottes wurden die Israeliten durch die Vorschriften bezüglich des Sabbat- und des Jobeljahres erinnert, sowie durch die Bestimmungen über die Veräusserung von Grund und Boden. Der Verkauf des väterlichen Ackers war durchaus verboten. Nur der Ertrag des Grundstückes bis zum nächsten Jobeljahre durfte veräussert werden. Im Jobeljahre fielen die so verkauften Grundstücke unentgeltlich an den Besitzer zurück; in der Zwischenzeit stand es dem Verkäufer frei, das Grundstück wieder durch Rückkauf an sich zu bringen. Auf diese Weise sollte einer andauernden Verarmung ganzer Familien vorgebeugt werden. Das väterliche Erbgut ging auf die Söhne über, von denen der älteste den doppelten Anteil an der Hinterlassenschaft erhielt; jedoch übernahm dieser dafür die Verpflichtung, der Mutter und seinen Schwestern bis zu ihrer Verehelichung Unterhalt zu gewähren. Hinterliess der Verstorbene keinen Sohn, so erbten die Töchter zu gleichen Teilen. Die Tochter, welche ein selbständiges Erbe hatte, war verpflichtet, einen Mann ihres Stammes zu heiraten; erwählte sie einen anderen Gatten, so trat dieser durch die

---

[1]) Deuter. 15, 15.
[2]) Deuter. 15, 18.

Ehe in den Stamm der Frau ein. So wurde für die unversehrte Erhaltung des Grundeigentums der einzelnen Stämme gesorgt.

Starb ein Mann kinderlos, dann konnte die Witwe alles erben, und es stand ihr das Recht auf die Leviratsehe zu; war die Witwe jedoch nicht mehr heiratsfähig oder war sie ausser Stande, das Besitztum ihres Mannes zu bewirtschaften, so traten die nächsten Verwandten und zwar zunächst die Brüder des Mannes die Erbschaft an; doch musste derjenige, welcher das Erbe antrat, die Witwe standesgemäss versorgen.

Alle diese vortrefflichen Bestimmungen vermochten aber die Verarmung einzelner Personen nicht zu verhindern. Misswachs oder andere Unglücksfälle konnten manche Familie in eine von Tag zu Tag dürftigere Lage versetzen. Wir finden nun bei den Israeliten eine Einrichtung, welche sonst nirgends im Altertum anzutreffen ist, nämlich die gesetzliche und dauernde Fürsorge für die Armen, sowie die Verpflichtung zu privater Wohlthätigkeit. Darlehen an Arme waren unverzinslich zu geben. Dem Armen war ferner ein Anspruch auf einen Teil der Landesprodukte gesetzlich gesichert. Die „Ecke des Feldes", nach dem Talmud $1/60$, durfte vom Grundbesitzer nicht eingeerntet, sondern musste den Armen überlassen werden; ihnen gehörte auch die Nachlese auf den Feldern, in den Weinbergen und Oelgärten. Während der Ernte durften die Armen überall auf Feldern und in Gärten ihren Hunger stillen. Im Sabbat- und im Jobeljahre, in welchen die Felder meistens nicht bebaut wurden, hatten die Armen an dem, was das Land freiwillig hervorbrachte, gleichen Anteil wie die Grundbesitzer. Zu den Friedensopfermahlen mussten die Armen zugezogen werden. In jedem dritten Jahre wurde der Dritt- oder Armenzehnte überall unter die Armen verteilt. Ausserdem war die private Wohlthätigkeit den Wohlhabenderen dringend ans Herz gelegt. Nach dem Talmud (Ketub. 50,a) genügte derjenige seinen moralischen Verpflichtungen in vollkommener Weise, welcher für die Armen den fünften Teil seines Vermögens aufwendete. Eine eigene Kammer im Vorhof der Frauen war dazu bestimmt, die heimlich für verschämte Arme niedergelegten Geschenke aufzunehmen.

Wer die mosaischen Bestimmungen über die Ordnung der socialen Verhältnisse mit den entsprechenden Einrichtungen der übrigen Völker des Altertums, ja selbst mit den Aeusserungen der heidnischen Philosophen vergleicht, der wird zu dem Geständnis genötigt, dass uns aus dem Gesetzbuche Moses' ein Geist entgegenweht, der nicht irdischen Ursprungs ist. Wie eine Oase in der Wüste, so erscheint das Volk Israel mitten in der alten Welt. Wie der israelitische Gottesbegriff, so ist auch die Gesetzgebung der Israeliten ein erhabenes Monument göttlichen Waltens in der Völkergeschichte; sie erscheint uns wie eine Vorahnung der von Christus gepredigten höheren Liebe zu Gott und den Menschen.

### § 7. Die gesellschaftlichen Verhältnisse bei den Griechen in der vorhistorischen Zeit.

Die sociale Gesetzgebung bei den Griechen knüpft sich an die beiden Namen Lykurg und Solon. Um die Berechtigung und Bedeutung der von diesen Männern ausgehenden Reformen zu verstehen, müssen wir in jene Zeitperiode zurückgehen, welche wegen des Mangels an sicheren Quellen als das vorhistorische oder das Heroen-Zeitalter bezeichnet wird. Die älteste Cultur der Griechen beginnt etwa mit dem zwölften Jahrhundert vor Christus. Zur Zeit des trojanischen Krieges befanden sich die griechischen Stämme noch in einem sehr primitiven Stadium der Gesittung. Auch in der Periode der hellenischen Wanderungen kann die Cultur sich nicht sonderlich rasch entwickelt haben. In der ältesten Zeit hatten die griechischen Stämme Könige, allerdings nicht in dem Sinne der ägyptischen oder assyrischen Monarchen, sondern vielmehr nur Stammeshäuptlinge. Es war ein patriarchalisches Königtum, welches in jenen Zeiten vorherrschte. Der König war oberster Heerführer, Richter und Priester. Nach Aristoteles[1]) war dieses König-

---
[1]) Polit. III, 9, 7.

tum der heroischen Zeit begründet auf freiwilliger Uebereinkunft der Unterthanen, auf Geschlechtserbfolge und Gesetzlichkeit. „Weil die Könige nämlich die ersten Wohlthäter der Menge geworden waren in Künsten des Friedens oder im Kriege, oder durch Zusammenführung der Zerstreutlebenden oder durch Verschaffung von Grundbesitz, so erwählte man sie freiwillig zu Königen und ihre Herrschaft war für ihre Nachkommen eine erblich herkömmliche. Ihre Macht erstreckte sich auf die Heerführung im Kriege, auf alle nicht priesterlichen Opfer und demnächst schlichteten sie auch Rechtshändel"[1]). Der König erhielt zu seinem Unterhalt ein Stück Land, welches vom Gemeingut abgesondert war, den besten Teil der Kriegsbeute, Ehrengeschenke und bestimmte Abgaben. Die Macht der Könige war beschränkt durch den Rat der Stammesältesten und durch den Willen des Volkes, welcher in Volksversammlungen zum Ausdruck kam.

Schon in den ältesten Zeiten gab es neben den besitzenden Klassen, welche Anteil an Grund und Boden hatten, besitzlose Freie, welche sich freiwillig verdingen konnten, sowie Sklaven. Die Arbeit war geachtet, selbst Könige und ihre Gemahlinnen übten dieselbe. Die Ehe war monogamisch. Die eben geschilderten politischen Zustände erhielten sich bis zu der Zeit, in welcher man an festen Wohnsitzen sich niederzulassen begann. Nachdem die durch die dorischen Wanderungen veranlassten Beunruhigungen und Befehdungen der einzelnen Stämme aufgehört hatten, und durch die Einnahme fester Wohnsitze Ruhe geschaffen war, begannen die ersten Bestrebungen nach freieren Verfassungsformen sich zu regen. Ausser in den dorischen Staaten wurde allmählich bei allen griechischen Stämmen die Selbstherrschaft der Bürger in verschiedenen Abstufungen begründet; von inneren Gährungen, von welchen diese Umänderungen jedenfalls begleitet waren, ist uns indessen nichts bekannt. In den dorischen Staaten behielt entweder das Königtum die Oberhand, oder der Adel riss die Zügel der Regierung an sich.

---

[1]) Aristot. a. a. O.

Durch die Begründung kleiner Freistaaten wurde der Zusammenhang unter den einzelnen Stämmen zum Teil vernichtet. Die nachbarliche Eifersucht der Städte und der kleineren Staaten veranlasste eine Reihe von Befehdungen. Aber auch in den einzelnen Staaten selbst fehlte es nicht an inneren Gährungen, da die neuen Volksobrigkeiten nicht immer Zufriedenheit zu schaffen vermochten. Erst durch die Hegemonie der Athener und Spartaner ward hier Ruhe geschaffen.

Auf den griechischen Inseln und in Kleinasien machte die Verfassung nach der Abschaffung des Königtums verschiedene Wandlungen durch: Aristokratie, Tyrannis, Oligarchie folgten sich in verschiedener Reihenfolge; schliesslich kam die Gewalt in die Hände von gewählten Despoten. Athen behielt in der ältesten Zeit unter dem Archontat das Königtum bei. Zunächst waren die Archonten auf Lebenszeit angestellt, im Jahre 752 wurde die Dauer des Archontats auf 10 Jahre, im Jahre 683 auf ein Jahr beschränkt; statt eines Archonten wurden zuletzt aber neun gewählt, welche sich in die verschiedenen Befugnisse teilten. Neben den Archonten hatte der Areopag alle gesetzgebende und ausübende Gewalt; das übrige Volk blieb von dem Einflusse auf die Verfassung ausgeschlossen. Da das Archontat sich mit der Zeit zur Oligarchie ausbildete, so konnten Kämpfe mit den demokratisch gesinnten Elementen nicht ausbleiben. Mitten in diesen Kämpfen zwischen Oligarchie und Demokratie tritt auch die Tyrannis als politische Verfassungsform in die Erscheinung. Sie hatte ihren Ursprung teils in der Uneinigkeit der herrschenden Geschlechter, von welchen einzelne das niedere Volk als Waffe gegen ihre Standesgenossen zu gebrauchen suchten, teils auch in der durch den Druck der Aristokratie erzeugten Erbitterung. Der Demos erkämpfte sich allmählich politische Rechte, sowie eine Besserung seiner wirtschaftlichen und gesellschaftlichen Lage. Aeckerverteilungen, gesetzlich festgesetzte Schuldenerlasse, Gewährung der Epigamie, sowie Ausdehnung der Rechtswohlthaten bildeten die in jener Zeit ausgeführten Reformen. Die Herrschaft der Tyrannen war in vielen Fällen keine drückende, wenigstens wurde sie den früheren Zuständen gegenüber nicht als drückend empfunden; die Tyrannen sorgten für das niedere Volk in vielen Beziehungen besser als die Aristokraten, welche meist nur ihre Privatinteressen im Auge hatten. Es ist dies eines der zahlreichen Beispiele für den geschichtlich feststehenden Satz, dass die Monarchie im allgemeinen besser für das Volk gesorgt hat, als andere Verfassungsformen.

### § 8. Die socialen und politischen Reformen Lykurgs.

Die Anfänge des spartanischen Staates sind dunkel. Sicher ist, dass in vorgeschichtlicher Zeit innere politische und sociale Verwickelungen und Missstände erbitterte Kämpfe hervorriefen und die Existenz des Staates bedrohten. Die friedliche Beilegung dieser Kämpfe wird auf Lykurg zurückgeführt. Wir übergehen hier die Fragen, welche sich auf die Person dieses Mannes beziehen; unzweifelhaft hat ein starker Geist in die damals in Sparta bestehenden Verhältnisse eingegriffen und durch klugen Ausgleich, sowie durch Inanspruchnahme aller vorhandenen Kräfte eine neue Staatsform mit halb monarchischem, halb aristokratischem Gepräge geschaffen.

Die ganze Staatsgewalt wurde durch die Reform Lykurgs in die Hände der Könige, der Geronten und des Volkes gelegt. Das Königtum in Sparta war „göttlicher Abstammung"; zwei Könige führten neben einander die Gewalt; ihre Würde war erblich; sie ruhte auf den beiden Häusern der Agiden und Eurypontiden. Die Rechte des Königs waren zum grössten Teil militärische; im Kriege war die Macht des Königs unumschränkt. Doch wurde die königliche Gewalt im Laufe der Zeit immer mehr geschwächt und beschränkt. Von der Kriegsbeute erhielt der König ein Drittel; ausserdem genoss er verschiedene Ehrenrechte.

Der Schwerpunkt der politischen Macht lag in der Gerusia, dem aus den beiden Königen und 28 Geronten bestehenden Rate. Dieser Rat beschloss über alles zuvor, was der Volksversammlung vorgelegt werden sollte. Er bildete das höchste Gericht des Landes mit Bezug auf jene Verbrechen, welche mit Erklärung der Ehrlosigkeit oder mit dem Tode zu bestrafen waren. Die Geronten übten ferner auch die Sittenpolizei aus. Ihre Amtsdauer war eine lebenslängliche.

Den dritten politischen Machtfaktor bildete die **Volksversammlung**. Dieselbe wurde alle Monate einmal zur Zeit des Neumondes unter freiem Himmel abgehalten; sie entschied über Krieg und Frieden, sie wählte die Obrigkeiten, sie gab die Entscheidung über neue Gesetzesvorlagen. Die der Volksversammlung zu unterbreitenden Anträge mussten erst der Gerusia vorgelegt werden; letztere, sowie auch die Könige konnten die schon gestellten Anträge wieder zurückziehen und die Versammlung schliessen.

Eine Schwächung der königlichen Gewalt brachte die Entwickelung des immer einflussreicher werdenden **Ephorats** mit sich. Die ursprünglich vom Könige ernannten fünf Ephoren hatten zunächst eine beschränkte polizeiliche und richterliche Gewalt. Allmählich erlangten sie aber eine Art von Oberaufsicht über die Behörden, schliesslich selbst über die Könige; sogar den Einfluss der Gerusia vermochten sie mit der Zeit zu schwächen. Aristoteles nennt daher das Amt der Ephoren „gewaltig und tyrannengleich"[1]). In der That war die Gewalt der Ephoren über Leib und Leben des Einzelnen sehr gross; sie konnten Fremde auf den leisesten Verdacht hin aus der Stadt verweisen, sie durften Heloten und Periöken töten, sie konnten jeden Spartaner verhaften lassen, sowie gewisse Strafen über ihn verhängen. Vor der Gerusia durften sie selbst die Könige anklagen. Schliesslich erhielten sie sogar im Kriegsrat Stimmrecht. Obschon das Ephorenamt des Einzelnen nur ein Jahr dauerte, so stellt doch Aristoteles diese Einrichtung auf gleiche Stufe mit der Demokratie (a. a. O).

Die lykurgische Verfassung führte ferner gesellschaftliche und wirtschaftliche Einrichtungen von tief ein-

---

[1]) Polit. II, 6, 15.

schneidender Bedeutung herbei. Sie unterschied drei Klassen der Bevölkerung, 9000 Spartiaten, 120000 Periöken und 224 000 Heloten. Dieser Unterscheidung lagen ethnische Verhältnisse zu grunde. Die Spartiaten waren die Nachkommen der dorischen Eroberer; sie bildeten daher die herrschende Klasse. Sie waren im Besitze der besseren Ländereien, welche Staatsdomänen wurden. Der Grund und Boden dieser staatlichen Domänen war in gleichen Losen an die einzelnen Familien verteilt. Diese Anteile waren Majorate, sie durften weder verkauft noch geteilt werden. Dem Vater folgte im Besitze der älteste Sohn, welcher dann die ganze Familie zu erhalten hatte. War kein Sohn da, so erbte die Tochter; dieselbe musste jedoch einen Spartaner zum Manne nehmen, welcher kein eigenes Gut besass; dieser trat dadurch in die Familie der Frau ein. Daran, dass die Güter trotz ihrer Verteilung Staatsländereien blieben, wurden die Besitzer dadurch erinnert, dass im Notfall jeder die Vorräte und die Knechte des anderen benützen durfte. Der freie Spartaner hielt es unter seiner Würde, seine Aecker selbst zu bebauen; die Heloten hatten diese Arbeit zu besorgen.

Die von den Doriern verdrängten Ureinwohner bildeten die zweite Klasse der Bevölkerung; sie führten den Namen Periöken daher, weil sie meist die minderwertigen, zwischen den Anteilen der Spartaner belegenen Grundstücke inne hatten und so gewissermassen „um die Spartaner herum wohnten". Ihre politischen Rechte waren beschränkt; sie waren nicht bloss von allen Aemtern, sondern auch von der Volksversammlung ausgeschlossen. Sie besassen aber für ihre eigenen Interessen eine Art von Selbstverwaltung. Im Kriege dienten sie als Schwerbewaffnete; sie wurden aber nie Offiziere. Der Ausschluss der Periöken von den besseren Ländereien veranlasste dieselben, sich dem Gewerbe zuzuwenden. Industrie und Handel kamen durch sie in Blüte; berühmt wurden insbesondere die lakonischen Erzgiessereien. Die Gesetze, welche die Erziehung und das gemeinsame Leben der Spartaner regelten, galten für die Periöken nicht; sie erfreuten sich daher in mancher Beziehung grosser persönlicher Freiheit und waren wenig geneigt, an den Bestrebungen, welche auf den Umsturz der bestehenden Verhältnisse hinzielten, teilzunehmen.

Den dritten Stand bildeten die Heloten. Schon ihr Name (Heloten = Kriegsgefangene) deutet auf den Ursprung ihrer gesellschaftlichen Stellung hin. Sie waren Leibeigene des Staates und hatten gar keine politischen Rechte. Sie bebauten den Spartanern ihre Aecker und lieferten die Hälfte des Ertrages an dieselben ab. Das Gewohnheitsrecht gestattete ihnen den Besitz von Privateigentum. Da sie Staatseigentum waren, so hatte der Staat ungeschmälerten Anspruch auf ihre ganzen Kräfte, sogar ihr Leben lag in der Hand des Staates. Im Kriege dienten sie als Leichtbewaffnete, zur See als Ruderer. Da ihre Lage in jeder Beziehung eine sehr gedrückte war, so kann es nicht Wunder nehmen, dass die Heloten stets auf eine Gelegenheit lauerten, um sich die Freiheit zu erkämpfen. Da sie somit stets politisch verdächtig waren, so wurden sie scharf beobachtet und waren den empörendsten Grausamkeiten der herrschenden spartanischen Bevölkerung ausgesetzt.

In das Gebiet der socialen Gesetzgebung gehören auch jene Bestimmungen, welche die **Erziehung der Jugend** betrafen, sowie die **Organisation des spartanischen Privatlebens durch den Staat**.

Wie der Staat sich als Besitzer des Landes ansah, so stellte er auch die Forderung auf, dass jeder Unterthan sich als Eigentum des Staates betrachtete. War ein Knabe geboren, so entschied der Staat über sein Recht auf Existenz. Schwächliche Kinder konnte der Staat nicht gebrauchen, sie hatten somit kein Recht auf Ernährung und Erziehung und wurden daher auf dem Taygetus ausgesetzt. War der Knabe sieben Jahre alt, so übernahm der Staat seine Erziehung. Er wurde in Staatsanstalten zum Krieger herangebildet. Dreiundzwanzig Jahre blieb der junge Spartaner in der Kadettenanstalt. Das Ziel der Erziehung und die einzelnen

Mittel zur Erreichung desselben gehören nicht in den Rahmen dieser Arbeit.

Vom dreissigsten Jahre ab stand der Spartaner unter der Aufsicht der Ephoren. Er war zwar frei, doch wurde wenigstens die Hauptmahlzeit in staatlichen Speiseanstalten eingenommen. Etwa je 15 Männer versammelten sich zu diesen Syssitien. So lange die Dienstpflicht des Spartaners dauerte, durfte derselbe das Land nicht verlassen. Ueberhaupt wurde jede Berührung mit Fremden möglichst verhindert; der Aufenthalt in Sparta war Fremden sehr erschwert; eine strenge Büchercensur bewirkte, dass neue Ideeen nicht in die Allgemeinheit übertragen werden konnten. Zur Erschwerung des Verkehrs mit dem Auslande war der Besitz von Gold-, Silber- und Kupfermünzen verboten; nur eiserne Münzen waren zugelassen; durch diese Verordnung sollte jedenfalls auch die Anhäufung von Schätzen bei einzelnen Personen und die dadurch entstehende wirtschaftliche Ungleichheit vermieden werden.

Dies ist das Wesentlichste aus der socialen und politischen Reform Lykurgs. Wir erblicken in derselben die Ausbildung eines krassen Staatssocialismus, wie er sonst nirgends im Altertum vorkommt. Die persönliche Freiheit des Einzelnen ist bis zu einem gewissen Grade beschränkt; über diese Grenze hinaus darf der Spartaner nur dem Staate dienen und muss sich in das Gefüge des Ganzen eingliedern. Diese politischen Grundsätze sind auch auf das wirtschaftliche Gebiet übertragen: das Recht des Spartaners auf den ihm zugewiesenen Acker ist kein unbeschränktes, sondern nur ein Nutzniessungsrecht. Die ganze lykurgische Gesetzgebung weist zwar ein konsequentes System auf, aber es missachtet die menschlichen Neigungen und Bedürfnisse, es missachtet vor allem die Menschenrechte. Wir sehen daher, dass trotz aller straffen Organisation das politische Gleichgewicht immer mehr gestört wird und die wirtschaftliche Gleichheit allmählich schwindet.

Der geschichtliche Verlauf zeigt, dass erstens der Schwerpunkt der politischen Gewalt sich fortwährend verschob, dass die völlige Abschliessung von den Nachbarstaaten nicht durchführbar war, dass die Erbgüter immer beweglicher wurden, und dass so schliesslich auch die Verarmung einzelner Familien sowie die Anhäufung von Reichtümern in den Händen einiger Wenigen nicht verhindert werden konnte. Auch die vielgerühmte spartanische Einfachheit musste endlich dem immer mehr eindringenden Luxus weichen, nachdem einmal die Lebenshaltung allenthalben eine bessere geworden und die materielle Cultur überall gestiegen war[1]).

## § 9. Entwickelung der gesellschaftlichen und wirtschaftlichen Verhältnisse in Athen.

Die jonische Bevölkerung Attika's teilte sich seit den ältesten Zeiten in drei Klassen, die Adligen, Eupatriden genannt, die Bauern und die Handwerker. Die Verfassung war ursprünglich eine monarchische; der Adel stürzte schliesslich die Monarchie. Die neue aristokratische Verfassung gereichte indessen nur den herrschenden Geschlechtern zum Vorteil; der breiten Masse des Volkes bereitete sie grosse Nachteile. Die Adligen, in deren Händen die ganze Macht lag, suchten aus ihrer Stellung auch möglichst grossen wirtschaftlichen Nutzen zu ziehen. Die freien Bauern und Handwerker kamen durch die von Tag zu Tag sich mehrenden Staatslasten in eine immer drückender werdende Lage. Die Eupatriden liehen zwar willig Geld, aber da der Bürger meist nicht einmal die hohen Zinsen, geschweige denn das Kapital zu zahlen vermochte, so wurde er gezwungen, seinen Acker zu veräussern; er blieb zwar auf demselben, aber als Pächter; etwa ein Sechstel des Ertrages wurde ihm gelassen. Ueberdies schwebte er stets in der Gefahr, nach dem geltenden Recht wegen der Schuld als Sklave verkauft zu werden. Das ganze gemeine Volk war, wie Plutarch sagt, den Reichen verschuldet. Es entstand daher eine Gährung im Volke,

---

[1]) Die Beziehungen der socialen Verhältnisse Sparta's zu denen in Kreta werden hier übergangen, weil auf diesem Gebiete noch vieles nicht aufgeklärt ist.

welche wenigstens zur Folge hatte, dass das bisher willkürlich gehandhabte Recht schriftlich fixiert wurde. Diese Arbeit leistete im Jahre 624 der Archont Drakon. Die berüchtigte Härte dieses geschriebenen Gesetzes rief Enttäuschung und neue Erbitterung hervor. Der Versuch eines gewissen Kylon, diese Missstimmung zu seinen Gunsten auszubeuten und sich der Alleinherrschaft zu bemächtigen, misslang zwar, aber die Missstimmung war durch die Niederwerfung dieses Aufstandes nicht gehoben.

Da rettete Solon, ein athenischer Bürger, dessen Name seitdem unsterblich geworden ist, seine Vaterstadt. Im Jahre 594 durch das allgemeine und wohlverdiente Vertrauen des Volkes zum Archon ernannt, erachtete es als seine Aufgabe, zwischen Adel und Volk Frieden zu stiften. Seine Reform kann im besten Sinne des Wortes als eine socialpolitische Leistung ersten Ranges bezeichnet werden. Ihre Vortrefflichkeit beruhte ebensosehr auf der gerechten Verteilung der **politischen Macht** als besonders auf der Regelung der **wirtschaftlichen Verhältnisse**.

Die erste Handlung Solons war, dass er die Armen und die Reichen, die durch eine unüberbrückbare Kluft von einander getrennt schienen, mit einander versöhnte, indem er beide Parteien veranlasste, ihre extremsten Forderungen aufzugeben. Die Adligen und überhaupt die Reichen wollten von ihren Geldforderungen, welche sich auf den hohen Zinsfuss und das geschriebene Recht stützten, nichts nachlassen. Die Armen wollten sämtliche Güter confiscieren und den **Communismus einführen**. Ein erbitterter Kampf schien unausbleiblich; da schuf Solon durch die berühmte Seisachtheia Frieden. Durch einen neuen Münzfuss verloren die Reichen $3/7$ ihres Kapitals, indem aus 73 alten Drachmen 100 neue geprägt wurden; die Hypothekenschulden mussten nach dem neuen Münzfusse zurückgezahlt werden. Versöhnend wirkte ferner die Bestimmung, wonach die persönliche Freiheit des Bürgers durch seine Verschuldung nicht bedroht werden konnte. Mit dem Tode wurde jeder bestraft, welcher einen athenischen Bürger in die Sklaverei verkaufte;

auch der Vater durfte seine Kinder nicht mehr verkaufen. Eine Amnestie gab allen Bürgern, deren Bürgerrecht vor der Amtsführung Solons irgendwie beschränkt worden war, dasselbe in vollem Umfange wieder. Endlich wurde auch der Zinsfuss herabgesetzt.

Solon verteilte die **politische Macht**, aber auch die **Lasten und Pflichten** auf die Bürgerschaft nach der Grösse des Vermögens. Die Bürger wurden nach ihren Einkünften in vier Klassen geteilt. Die Mitglieder der ersten Klasse versteuerten ihr ganzes Vermögen, die der zweiten Klasse fünf Sechstel, die der dritten Klasse fünf Neuntel desselben. Die vierte Klasse war von Steuern frei, sie war aber auch von allen Aemtern ausgeschlossen; doch hatten die Bürger dieser Klasse aktives Wahlrecht, sowie das Recht zur Teilnahme an den Volksversammlungen und an den Geschworenengerichten. Das Archontat blieb der ersten Klasse vorbehalten.

Ausser diesen vier Klassen der Vollbürger gab es im athenischen Staate noch **Metöken** und **Sklaven**. Zu den Metöken gehörten alle Ausländer, welche sich des Erwerbs wegen in Athen niedergelassen hatten. Sie zahlten eine Schutzsteuer, mussten Kriegsdienste leisten, genossen dafür aber den Schutz des Staates. Grundeigentum durften sie nicht erwerben. Den dritten und grössten Bestandteil der Bevölkerung, nahezu vier Fünftel derselben, bildeten endlich die Sklaven.

Der Staatshaushalt wirtschaftete mit den Hafenzöllen, dem Schutzgelde der Metöken und den Einkünften der Silbergruben in Laurion: nur in ausserordentlichen Fällen wurden Steuern nach dem oben erwähnten Verteilungsmodus aufgelegt.

Der Schwerpunkt der politischen Macht lag in den Händen der **Volksversammlung**; diese wählte auch die höchsten Beamten. Den zweiten Machtfaktor bildete der **Rat**; dieser bestand aus 500 Mitgliedern, welche jedoch nur aus den drei ersten Klassen gewählt werden durften. Der Rat hatte die Verwaltung des Staates in der Hand; die laufenden Geschäfte wurden jedoch nicht von dem vollzähligen Rat, sondern von einem aus 40 Mitgliedern bestehenden Ausschusse, der nach 35 Tagen wechselte, erledigt.

Um das Volk gegen Vergewaltigung durch den Adel oder die höchsten Beamten zu schützen, setzte Solon die Heliäa ein: diese war eine Versammlung von 4000 Bürgern, welche die Kontrolle über alle Beamten ausübte; sie bildete auch die letzte Instanz, an welche man von den Entscheidungen der Archonten oder der Richter appellieren konnte.

Den höchsten Gerichtshof bildete der Areopag. Dieser fällte das Urteil bei den schweren Verbrechen des Mordes, der Vergiftung, der Brandstiftung und der Asebie. Ausserdem hatte der Areopag das Vetorecht gegenüber allen Beschlüssen des Rates oder der Volksversammlung; er übte die Sittenpolizei aus und konnte selbst Beamte suspendieren. Die Würde des Areopagiten war eine lebenslängliche.

Die solonische Verfassung traf ferner Bestimmungen über die Erziehung der Jugend, welche sich aber von den lykurgischen vorteilhaft dadurch unterschieden, dass sie nicht einseitig die Ausbildung zum Kriegsdienste begünstigten. Auch das Privatleben der Athener wurde in manchen Punkten geregelt, z. B. die Rechte der Frauen, die Erbfolge und das Recht, Vermächtnisse zu machen.

Solons Bemühungen um den socialen Ausgleich hatten zwar die Erbitterung der unteren Klassen bedeutend gemildert. Aber der edle Gesetzgeber hatte sich verrechnet, wenn er glaubte, dass er den Egoismus der Stände getilgt hätte. Die Adligen konnten die Schmälerung ihrer Rechte nicht verschmerzen, die Armen waren nicht völlig befriedigt. Während einer mehrjährigen Abwesenheit Solons von Athen wurde das Feuer wieder geschürt, und bald entbrannte der Kampf zwischen Adel und Volk von neuem. Der Adel hatte die durch die solonische Verfassung ihm gegebenen Rechte gemissbraucht und hatte versucht, die unteren Klassen wieder in eine abhängigere Lage zu bringen. An die Spitze des ärmeren Volkes stellte sich Pisistratus, ein junger Mann aus altadeligem Geschlechte, welcher es verstanden hatte, durch sein äusseres Auftreten dem Volke gegenüber dieses für seine Person einzunehmen. Vergebens warnte Solon nach seiner Rückkehr, er erklärte offen, dass durch die demagogischen Umtriebe dieses Mannes seine Verfassung gefährdet sei. Pisistratus bemächtigte sich der Herrschaft, und an Stelle der Timokratie, welche Solon eingeführt hatte, stand die Tyrannis. Diese Aenderung der Verfassung schlug aber nicht zum Unheil des Volkes aus. Der Tyrannis hat Athen in kultureller und wirtschaftlicher Beziehung viel zu verdanken. Im Gegensatz zu dem sonst üblichen Begriffe war die Tyrannis eine milde Herrschaft. Sie leistete durch Unterdrückung der Oligarchie der Erstarkung der Demokratie grossen Vorschub. Schliesslich konnte die erstarkte Demokratie sich selbst gegen die Tyrannis wenden und dieselbe stürzen. Die Einzelheiten dieser Verfassungskämpfe gehören mehr in die politische Geschichte und werden daher hier übergangen.

Die Perserkriege gaben den Athenern zum ersten Male Gelegenheit, auf der Weltarena öffentlich aufzutreten. Bald brachte die Entwickelung der politischen Ereignisse den Athenern das Uebergewicht über die anderen hellenischen Stämme. Die Demokratie in Athen missbrauchte aber diese Stellung, indem sie gegen die zum Bunde gehörigen Staaten eine unerhörte Tyrannei ausübte. Man sog die Bundesgenossen durch Schatzungen aus, man verdrängte sie von allen Märkten, man strafte jeden Ungehorsam mit Feuer und Schwert. Diese merkwürdige Auffassung der Freiheit von seiten der Demokratie Athens zeigte sich auch innerhalb des eigenen Staates durch die rücksichtsloseste Ausbeutung der Sklaven. Schliesslich veranlasste die von Athen geübte Tyrannei den unheilvollen peloponnesischen Krieg, welcher die Hegemonie in Griechenland wieder den Spartanern übertrug.

Seit dieser Zeit ist auch im wirtschaftlichen Leben der Athener ein fortwährender Niedergang zu verzeichnen. Der alte Stamm der Pelasger hatte die Arbeit lange geachtet und geschätzt. Im heroischen Zeitalter hatten Fürsten und Helden den Ackerbau eigenhändig betrieben. Diese Stellung nahm die Arbeit im wirtschaftlichen Leben der Griechen lange Zeit überall ein, ausgenommen in Sparta, wo der Stolz die herrschende Klasse in Unthätigkeit gefesselt hielt und die Arbeit den Besiegten zuwies. Solon selbst hatte wie ein gewöhnlicher Bürger Handel getrieben und so ein Beispiel thätigen Lebens gegeben; seine Verfassung räumte der Arbeit eine ehrenvolle Stellung ein; darum blühte auch Handel, Gewerbe und Ackerbau und machte aus Attika einen gesegneten Landstrich. Aber wie überall in der heidnischen Welt, so machte sich auch in Athen der Widerstreit des Stolzes und der Sinnlichkeit gegen das Princip der Arbeit fühlbar. Um die Zeit des peloponnesischen Krieges griff in Athen der Widerwille gegen die Arbeit immer mehr um sich und trieb die freien Volksmassen einem Leben auf Staatskosten zu. Die Arbeit der Sklaven trat an die Stelle der Arbeit freier Männer. Die Staatslasten wurden durch die Demokratie immer mehr auf die Reichen gewälzt; ja die Mehrzahl der ärmeren Bürger wollte, statt zu arbeiten, geradezu auf Kosten des Staates leben. Für die Rechtspflege, für die Teilnahme an den Volksversammlungen nahmen die Bürger Gehalt an, allerdings ein sehr geringes. Die wichtigsten Behörden waren zu diesem Zweck ungeheuer zahlreich, damit möglichst viele dieses Soldes teilhaftig werden konnten. Es gab z. B. 6000 Richter, obschon zur Zeit Solons die Zahl der Vollbürger etwa nur 20 000 betragen hatte. Während man die Arbeit scheute, sträubte man sich durchaus nicht, an den unzählbaren Lustbarkeiten, Schmausereien, ja selbst Kornverteilungen teilzunehmen, welche bald von Staatswegen, bald von Privatpersonen veranstaltet wurden. Schliesslich ging die Corruption des Pöbels soweit, dass man, um hier Abhilfe zu schaffen, an entfernten Orten Pflanzstädte gründete; so suchte man den Pöbel zu versorgen oder vielmehr unschädlich zu machen.

Zu der durch die demokratische Verfassung geförderten Corruption kamen noch die schweren Schläge hinzu, welche das wirtschaftliche Leben Athens durch die langen Kriege erlitt. Ackerbau und Handel lagen während des peloponnesischen Krieges sehr darnieder; die Ausgaben für den Staatshaushalt aber wuchsen, insbesondere durch die zahlreichen Anwerbungen von Söldnertruppen. Ueppigkeit und Verschwendungssucht verzehrten ferner, was die Kriege übrig gelassen hatten. Nach der Begründung der macedonischen Weltherrschaft kam noch der völlige Umschwung des Handels dazu, der nun ganz andere Wege einschlug. So konnte es kommen, dass, wie Strabo erzählt, zur Zeit Christi Griechenland sich in einem Zustande wirtschaftlicher Verödung befand.

## § 10. Die Sklaverei bei den Griechen.

Die ungeheure Ausdehnung und die grosse wirtschaftliche Bedeutung, welche die Sklaverei bei allen griechischen Stämmen erlangte, lässt es notwendig erscheinen, dieser wirtschaftlichen Einrichtung ein besonderes Kapitel zu widmen.

Die Griechen, welche vor allen anderen Völkern des Altertums den Wert der persönlichen Freiheit anerkannten und über jede Bedrohung derselben im bürgerlichen Leben eifersüchtig wachten, haben merkwürdigerweise den gleichen Anspruch bei Anderen nicht anerkannt und Millionen dieser Freiheit beraubt, sie zu Waaren herabgewürdigt. Es genügt nicht, diese auffallende Erscheinung durch ethnische Verhältnisse, d. h. durch das natürliche Verhältnis zwischen Siegern und Besiegten zu erklären; noch weniger darf man die Sklaverei, wie von Hellwald es thut, als eine in der menschlichen Natur begründete Erscheinung auffassen, welche „in gewissen Culturstadien eine notwendige Waffe im Kampfe ums Dasein bilde"[1]). Man müsste doch dann erklären, warum diese früher notwendige Erscheinung später entbehrlich geworden sei. Wenn ferner darauf hingewiesen wird, dass die Griechen naturgemäss wegen ihrer Cultur alle anderen Völker als Barbaren ansehen mussten, so kann darauf geantwortet werden, dass ein hochgebildetes Volk, welches den Anspruch auf die höchste Humanität machte,

---

[1]) v. Hellwald, Culturgeschichte in ihrer natürl. Entwickelung, 1. Aufl. S. 260.

keine so inhumanen Anschauungen haben durfte. Den eigentlichen Grund, warum die Sklaverei, welche zuerst wohl auf dem im Altertum üblichen Kriegsrecht beruhte, später beibehalten und ins Masslose ausgedehnt wurde, bildet die Abneigung des griechischen Volkes gegen niedere Arbeit; es war die aus einem missverstandenen Freiheitsbegriff entsprungene Scheu vor Dienstbarkeit, welche den Besitz von Sklaven zuerst wünschenswert, dann notwendig machte. Im Laufe der Zeit gewöhnten sich Sklaven wie Freie an die einmal vorhandenen Zustände so sehr, dass selbst der milde und wohlwollende Plato nicht einmal untersucht, ob es vielleicht anders sein müsse oder könne. Er hat die Sklaverei in seinen Idealstaat aufgenommen, er schreibt sogar verschiedene Gesetze für Freie und für Sklaven vor, jedenfalls um durch besondere Strenge die der Zahl nach überlegenen Sklaven niederzuhalten. Aristoteles, welcher die letzten Gründe für die bestehenden socialen und politischen Verhältnisse erforschte, konnte die Frage, was eigentlich den Sklaven zum Sklaven mache, nicht umgehen. In seinen Untersuchungen lässt er aber die Notwendigkeit und Rechtmässigkeit der Sklaverei unbezweifelt und stellt nur die Frage, warum dem Sklaven der Platz gebühre, den er einnehme. Aristoteles musste dabei selbstverständlich auf viele Widersprüche und Schwierigkeiten stossen. Der Hauptgedanke seiner Ausführungen ist der, dass Menschen, welche nichts besitzen als die Körperkraft, welche nicht Lenker ihres eigenen Thuns sein können, zur Sklaverei geboren seien. Er behandelt daher die Sklaven als eine niedere Gattung von Menschen, und diese Auffassung kann uns nicht sehr verwundern; hatten doch die Hellenen in ihren Sklaven eine Menschenklasse vor sich, welche, zum Teil viele Generationen hindurch in der Erniedrigung erzeugt, der freien Bevölkerung in vielen Beziehungen sehr unähnlich war. Die Schwierigkeit lag für Aristoteles darin, sich mit der Thatsache abzufinden, dass der Zufall oder die Not oder sonstige rein äussere Verhältnisse bei Vielen die Veranlassung zu ihrem Abhängigkeitsverhältnisse gewesen waren. Aristoteles erklärt daher auch an einer Stelle diejenige Sklaverei, welche nur auf gesetzmässigen Bestimmungen beruhe, mit einigen Einschränkungen für ungerecht[1]).

Den Ursprung der Sklaverei bei den Griechen haben wir in sehr früher Zeit zu suchen. Im Heroenzeitalter war die Sklaverei schon vorhanden und die Ansicht jener Zeit über die Natur der Sklaven scheint sich von derjenigen der späteren Jahrhunderte nicht viel unterschieden zu haben. Denn der Dichter singt[2]): „Schon die Hälfte der Tugend entrückt Zeus' waltende Vorsicht einem Manne, sobald nur der Knechtschaft Tag ihn ereilet." Die Sklaven der ältesten Zeit waren meist Kriegsgefangene und deren Knechte; doch existierte auch schon in homerischer Zeit der Sklavenhandel; denn Eumäus war von den Phöniziern an Laertes verhandelt.

Bei der Abnahme der Kriege und der Steigerung des Bedarfs an Sklaven musste der Kauf das erste Mittel zur Erwerbung von Sklaven bilden. Der Hellene verschmähte es auch immer mehr, Stammesgenossen zu Sklaven zu machen; es wurde Brauch, gefangene Griechen gegen Lösegeld freizugeben. Um so lebhafter musste sich der Handel entwickeln. Auch Seeräuberei betrieb man, um sich in den Besitz von Sklaven zu setzen. In Unteritalien war eine Zeit lang kein Landhaus vor griechischen Piraten sicher. Plato wurde aus der Sklaverei von einem gewissen Annikeris aus Kyrene für 20 oder 30 Minen losgekauft. Sklavenmärkte gab es an allen grösseren Handelsplätzen; besonders genannt werden Chios, Delos, Korinth und Athen. Die zum Verkauf ausgestellten Sklaven waren entkleidet; es gab Gesetze, welche den Verkäufer für verschwiegene bedeutende Gebrechen verantwortlich machten. Die Kaufpreise waren je nach dem Alter und den Fähigkeiten der Sklaven verschieden. In den meisten Fällen schwankten sie zwischen einer und zehn Minen. Zu den erkauften Sklaven kamen noch die im

---

[1]) De republ. I, 13.
[2]) Odyss. 17, 323.

Hause geborenen. Hatte jemand eine Sklavin als Nebenfrau angenommen, so waren die in dieser Verbindung erzeugten Kinder ausnahmsweise frei. Vor Solon wurde in Athen der Schuldner, welcher nicht zahlen konnte, der Sklave seines Gläubigers; das solonische Gesetz verbot dies; doch scheint in anderen Staaten dieser Gebrauch weiter bestanden zu haben.

Die Zahl der Sklaven war in Griechenland eine sehr bedeutende. In Athen gab es unter Demetrius Phalereus, wie durch eine Volkszählung festgestellt wurde, neben 21000 freien Bürgern und 10000 Metöken noch 400000 Sklaven. Corinth soll nach Timäus 460000, Aegina nach Aristoteles 470000 Sklaven gezählt haben. Einzelne Personen kauften eine Menge von Sklaven an und verwendeten dieselben zu Fabrikarbeiten oder in Bergwerken. Von Nikias wird berichtet, dass er 1000 Sklaven in die thrakischen Bergwerke vermietet habe. Zur eigenen Bedienung mögen die Hellenen im allgemeinen weniger Sklaven besessen haben als dies bei den Römern in der späteren Zeit der Fall war. Die nicht zur Bedienung gehaltenen Sklaven arbeiteten als Handwerker, entweder für Rechnung des Herrn oder sie zahlten ihm eine tägliche Abgabe. Das Halten von Sklaven hatte also bei den Griechen einen **volkswirtschaftlichen Zweck**, sie bildeten ein zinstragendes Kapital des Herrn, während sie in Rom meist nur zur Befriedigung der Eitelkeit des Herrn dienten. Selbst Aecker scheint man an Sklaven zur Bewirtschaftung in der Weise überlassen zu haben, dass die Sklaven eine bestimmte Abgabe oder Pacht zu erlegen hatten. Eine besondere Vertrauensstellung nahmen diejenigen Sklaven ein, welche die Verwaltung des Hauswesens überwachten.

Die Lage der griechischen Sklaven war im allgemeinen keine so drückende, wie bei den Römern; ein vertraulicheres Verhältnis zwischen Herrn und Sklaven war nicht ausgeschlossen. Plautus spricht (de garrul.), was sehr bezeichnend ist, von dem stummen Gehorsam der römischen und der familiären Schwatzhaftigkeit der griechischen Sklaven.

Durch Namen, Kleidung und Haarschnitt unterschieden sich die Sklaven auch äusserlich von den Freien. Man verwendete sie zu den härtesten und grausamsten Arbeiten und erstickte oft durch entehrende Strafen jedes edlere Gefühl in ihnen. Von der Verehrung der meisten Gottheiten waren sie ausgeschlossen. Als Zeugen durften sie vor Gericht nicht erscheinen. Geständnisse suchte man durch Foltern zu erzwingen; doch wurde für den Fall, dass der Sklave zum Krüppel wurde, vorher der Wert desselben festgestellt. In **Athen** genossen die Sklaven verhältnismässig die grösste Freiheit. Doch beruhten die darauf bezüglichen gesetzlichen Bestimmungen nicht etwa auf einer Anerkennung der Menschenrechte. Nach athenischen Gesetzen durfte der Sklave eines fremden Herrn nicht geschlagen werden; den eigenen Sklaven durfte man körperlich züchtigen, und zwar sollte der Sklave strenger bestraft werden als der Freie. Führte ein Sklave gerechte Klage wider seinen Herrn, so musste er von demselben verkauft werden. Der Theseustempel galt als Asyl für die von ihren Herrn gemisshandelten Unglücklichen.

Am schlimmsten war die Lage der Sklaven in **Sparta**, wo selbst die mutwillige Tötung des Heloten unbestraft bleiben konnte, während in Athen die Todesstrafe auch gegen Sklaven nur gerichtlich verhängt werden konnte.

Der Einfluss der Sklaverei auf das Leben der Griechen war in jeder Beziehung ein ungünstiger. Sie trug zur Entsittlichung der Herren wie der Knechte bei; insbesondere trübte sie die Reinheit der Geschlechtsverhältnisse und das Familienleben. Doch auch wirtschaftliche Nachteile brachte sie. Sie musste der Entwickelung des Gewerbfleisses hindernd in den Weg treten; denn alle Sklavenarbeit ist schlecht. Da der Sklave als Lohn meistens nur die Nahrung und Kleidung von seinem Herrn erhielt, so hatte er kein Interesse an der mehr oder minder sorgfältigen Ausführung der Arbeit. Die Billigkeit der Sklavenarbeit verhinderte ferner die Entwickelung eines freien Handwerkerstandes. Da die Sklaven die meisten für den persönlichen und häuslichen Bedarf notwendigen Arbeiten leisteten, so konnten sich gewisse Industrieen gar nicht selbständig entfalten; sie hätten gegen die Hausindustrie nicht aufkommen können. Daher waren die Freien, welche keinen Grund und Boden besassen, meist mittellos; sie waren überdies wegen der Koncurrenz der Sklaven auch der Gelegenheit zur Arbeit beraubt; dieser Umstand, sowie die Abneigung der Griechen gegen niedrige Arbeit führte einen grossen Teil des Volkes einem Leben auf Staatskosten zu. Erst mit der allmählich fortschreitenden Aufhebung der Sklaverei konnte daher die sociale Frage einer Lösung entgegengeführt werden.

### § 11. Der Ständekampf in Rom und seine socialpolitische Bedeutung.

Durch die Geschichte des römischen Weltreiches von den ersten Anfängen des römischen Staatswesens bis zu den letzten Tagen des weströmischen Kaiserreichs zieht sich wie ein roter Faden die sociale Frage, der Kampf um gesellschaftliche und wirtschaftliche Gleichheit. Der Ständekampf in Rom stellt das Ringen der niederen Klassen nach einer würdigeren gesellschaftlichen Stellung, welche ihren äusseren Ausdruck in den politischen Rechten findet, dar. Mit diesem mehr politischen Kampfe war stets auch das Streben nach besseren wirtschaftlichen Existenzbedingungen verbunden.

Wir lenken unseren Blick zunächst auf den Ständekampf und seine socialpolitische Bedeutung. Der Keim zu dem mehrere Jahrhunderte lang mit Erbitterung geführten Kampfe um politische Rechte und eine würdigere gesellschaftliche Stellung lag in der ethnischen Zusammensetzung der ältesten Bevölkerung. Roms älteste Bewohner waren ein Mischvolk; Patrizier und Plebejer waren nur missverstandene Ruinen der einstigen Stämme; die Standesunterschiede waren archaistische Formen der Stammesunterschiede. Die rasche Verschmelzung der einzelnen Stämme musste das Streben nach gesellschaftlicher Gleichstellung im Gefolge haben. Dass diese erst allmählich erkämpft werden musste, hatte seinen Grund in dem menschlichen Egoismus, welcher die herrschenden Geschlechter festhalten liess, was sie in den

Händen hatten. Nur Schritt für Schritt vermochten die Plebejer sich neue Zugeständnisse zu erkämpfen.

Roms älteste herrschende Bevölkerung bestand aus drei Stämmen, den Ramnes, Tities und Luceres; diese waren die Vollbürger. Neben ihnen gab es noch Clienten und Plebejer. Die Clienten, Hörige, besassen keine staatsbürgerlichen Rechte, sie waren Unterworfene, welche auf den Gütern des Adels als Bauern oder Handwerker wohnten, oder es waren Fremde, welche sich, ohne das Bürgerrecht zu erlangen, in Rom niederliessen. Jeder Client musste einen Patron aus dem Patrizierstande haben, welcher die Rechte seines Schützlings dem Staate oder dem Gerichte gegenüber vertrat. Der Client hatte dafür dem Patron gewisse Dienste zu leisten.

Angeblich seit Ancus Marcius existierte in Rom die Plebs. Dieselbe bestand aus freien Grund- oder Hausbesitzern, welche in Rom oder römischem Gebiet ansässig waren, aber kein Bürgerrecht besassen. Flüchtlinge, eingewanderte Latiner, begüterte Fremde, welche Rom als günstiger Handelsplatz angezogen hatte, bildeten die Plebs. Die Plebejer hatten ihre eigenen Heiligtümer, ihre Geschlechtsverbände, ihre eigene kommunale Verwaltung; jedoch von den öffentlichen Aemtern waren sie ausgeschlossen; sie zahlten eine bestimmte Steuer (tributum); zwischen ihnen und den Patriziern bestand kein connubium, und da sie nicht, wie die Clienten, das Interesse der Patrizier teilten, so konnten sie sich nicht mit den anderen Klassen der Bevölkerung verschmelzen; wegen ihrer grossen Zahl aber und wegen ihres Vermögens waren sie ein wichtiger Bestandteil des Staates. Servius Tullius regelte die Rechte und Pflichten der Plebejer.

Durch ein gemeinsames Vorgehen der Patrizier wurde das Königtum gestürzt. An seine Stelle trat die Republik. Die Plebs wurde für die neue Ordnung der Verhältnisse durch P. Valerius gewonnen, und zwar zunächst durch sein Gesetz, nach welchem auch die Plebejer gegen den Ausspruch eines Magistrats, welcher auf Tod oder Züchtigung lautete, Berufung an das Volk einlegen konnten. Durch die erste secessio i. J. 494 erzwang sich die Plebs die Wohlthat des Tribunats. Ein Bundesvertrag liess die Latiner und Herniker zu weiteren Bedingungen der Gleichheit, nämlich zum connubium und commercium zu. Durch das Gesetz des Publius Volero (471) wurde die Wahl der Männer, welche die Rechte der Plebejer verteidigten, ganz in die Hände der letzteren gelegt. Durch eine zweite secessio erkämpfte die Plebs von neuem ihre schwer erkämpften Rechte, welche durch den Druck der Decemvirn gefährdet waren. Später wurden der Reihe nach alle wichtigeren Staatsämter den Plebejern zugestanden, und ein Gesetz, welches das Verbot der Ehe zwischen Patriziern und Plebejern aufhob, vollendete die politische und gesellschaftliche Gleichstellung zwischen beiden Klassen der Bevölkerung.

### § 12. Staats- und Volkswirtschaft in Rom.

Hand in Hand mit dem Kampfe um die gesellschaftliche und politische Gleichstellung ging der Kampf um die wirtschaftlichen Existenzbedingungen, welche stets ein wichtiges, manchmal das wichtigste Moment in der socialen Frage darstellen.

Dieser Kampf auf wirtschaftlichem Gebiete musste selbstverständlich länger dauern als der auf politischem Gebiete geführte; ja er wurde eigentlich nie beendet. Denn abgesehen davon, dass die wirtschaftliche Gleichheit wegen der Ungleichheit der Fähigkeiten und Neigungen niemals recht durchgeführt werden konnte, waren es auch in Rom wiederum hauptsächlich die Sklaverei und die Missachtung der Arbeit, welche auf wirtschaftlichem Gebiet immer misslichere Verhältnisse zur Folge hatten.

Den Zankapfel, welcher die Sicherung des socialen Friedens stets verhinderte, bildete in der älteren Zeit der ager publicus, d. i. das dem Staate gehörige Ackerland.

Nach Plinius[1] teilte Romulus das ganze ihm zur Verfügung stehende Land in 30 gleiche Lose und gab jeder Curie, d. i. je 100 Bürgern, ein Los; davon nahm er aber

---

[1] Hist. nat. XVIII, 2; s. auch Dion. Halic. II, 7.

einen hinreichenden, zum Religions- und Tempeldienste bestimmten Teil aus und liess auch ein gewisses Gemeingut übrig. Auf den einzelnen Bürger kamen zwei iugera Ackers; dies war sein heredium. Von Numa Pompilius erzählt Plutarch[1]): „Was erobert war, verteilte Numa unter die dürftigen Bürger, um die Nötigung zur Ungerechtigkeit, die Armut zu entfernen und das Volk an den Ackerbau zu gewöhnen, auf dass es mit dem Boden entwildert werde. . . . Das ganze Gebiet verteilte er in Bezirke, pagi genannt, deren jeder einen eigenen Aufseher oder Vogt bekam. Bisweilen sah er auch selber nach, um die Herzen der Bürger aus ihren Arbeiten zu erkennen, wobei er die einen zu Ehren und Aemtern beförderte, den Leichtsinn und die Trägheit der anderen zur Witzigung schalt und rügte."

Weitere Nachrichten aus jener halbhistorischen Zeit beziehen sich auf Ancus Marcius. Derselbe widmete seine ganze Fürsorge dem Ackerbau und den bürgerlichen Geschäften. Doch zwangen ihn die Latiner zum Kriege; er besiegte sie, zerstörte ihre Städte und soll sie nach Rom verpflanzt haben. Man vermutet indessen richtiger, dass die Latiner auf ihren Gütern belassen wurden. Sicher ist indessen, dass Ancus Marcius den Grund zur römischen Plebs gelegt habe. Servius Tullius zog die Plebs zum Waffendienst und zur Steuerpflicht heran und teilte alle Bürger ohne Rücksicht auf ihre patrizische oder plebejische Abstammung zum Zwecke der Verteilung der Lasten nach ihrem Vermögen in fünf Klassen. Jeder hatte genau anzugeben, was er an barem Gelde, an Häusern, Gütern, Sklaven und Geräten besass. Unter dem Königtum galt der Ackerbau als die edelste Beschäftigung des römischen Bürgers; nur die Clienten trieben Handel und Handwerk. Mit den Staatsmitteln, welche den Königen zur Verfügung standen, wirtschafteten dieselben zum Nutzen des Volkes. Servius Tullius führte zum Zwecke der Befestigung der Stadt umfassende

---

[1]) Numa, 16.

Bauten aus; die riesigen Cloakenbauten des letzten Tarquinius befreiten die römische Niederung vom Sumpfwasser und Fieber.

Nach dem Sturze des Königtums und insbesondere nach dem Tode des letzten Tarquinius (495) begann der Kampf zwischen Patriziern und Plebejern auf wirtschaftlichem Gebiete. Die harten Schuldgesetze bildeten den Ausgangspunkt. Ihre Härte bestand in der Höhe des gesetzlich gestatteten Zinsfusses und in den Folgen der Zahlungsunfähigkeit. Diese gab den Schuldner seinem Gläubiger fast völlig preis; letzterer konnte den Schuldner in Fesseln schlagen und zu jeglicher Arbeit anhalten. War nach einer Frist von 60 Tagen die Schuld noch nicht bezahlt, und war die Schuld an drei auf einander folgenden Markttagen ausgerufen, so durfte der Gläubiger den Schuldner töten oder als Sklaven ins Ausland verkaufen; waren mehrere Gläubiger da, so konnten sie den Schuldner in Stücke schneiden. Da die Güter der Plebejer oft durch Kriege verheert wurden, so kamen manche aus den Schulden nie heraus. Die Patrizier besassen hingegen neben den eigenen Aeckern noch Gemeindeland, ager publicus, wofür sie seit dem Sturze des Königtums keine Pacht entrichteten; sie trieben Seehandel und kamen so in den Besitz grosser Kapitalien. Durch einen äusseren Anlass gereizt, verweigerte eines Tages die Plebs den Kriegsdienst und erzwang sich durch ihre erste Secessio (494) verschiedene Erleichterungen: die Schulden wurden erlassen, die in Gefangenschaft geratenen Schuldner erhielten die Freiheit zurück, das neu eingerichtete Volkstribunat hatte die Plebs gegen Wucher und andere Bedrückungen zu schützen.

Im Jahre 486 kam zum ersten Male seit Errichtung der Republik die Frage nach gerechterer Verteilung des ager publicus zur Sprache, und sie bildete lange Zeit hindurch ein beliebtes Agitationsmittel. Während das Privateigentum des römischen Bürgers, das heredium, stets nur zwei iugera betragen hatte, war das Gemeindeland durch die fortwährenden Eroberungen schnell gewachsen. Die Römer nahmen den Besiegten nicht ihre ganze Feldmark, sondern meist nur ein Drittel ab; und dieses Drittel wurde, soweit es urbar war, an Colonisten verteilt oder verkauft: was aber unbebaut war, blieb ager publicus; jedem stand es frei, den letzteren zu bebauen, doch musste als Abgabe von den Kornfrüchten ein Zehntel, von den Baumfrüchten ein Fünftel an den Staat abgeliefert werden. Auch die Weideplätze, soweit sie dem Staate gehörten, brachten Abgaben ein. Gewöhnlich waren es die Reichen, welche Teile des ager publicus an sich rissen; denn da zur Bebauung weiter Strecken Sklaven notwendig waren, so konnten nur die reicheren Besitzer, welche viel Kapital besassen, den Anbau solcher grossen Güter übernehmen. Nach Appian[1]) kauften manche auch die in ihrer Nähe belegenen Stücke der Armen an oder nahmen sie mit Gewalt in Besitz.

Mit der Errichtung der Republik betrachteten sich die Patrizier als Erben der Rechte, welche die Könige besessen hatten und nahmen auf diesen Titel hin weite Strecken eroberten Landes für sich in Anspruch. Hin und wieder wurden, wenn die Staatskasse erschöpft war, öffentliche Aecker verkauft oder auch an Aermere verteilt. Aber der grösste Teil des ager publicus fiel an die Patrizier, und diese bezahlten schliesslich nicht einmal die festgesetzte Pacht. Mit Erbitterung mussten die Plebejer auf diese Felder hinschauen, welche sie mit eigenem Blute hatten erkämpfen helfen, und von welchen sie doch keinen Nutzen hatten. Der edle Spurius Cassius beantragte nun im Jahre 486, einen entsprechenden Teil des ager publicus an die Plebs zu verteilen und das Uebrige zwar den Patriziern zu überlassen, aber gegen Entrichtung der früher üblichen Steuer. Die Plebs jubelte, die Patrizier hingegen klagten den Consul als Hochverräter an, der nach Alleinherrschaft strebe, und er fiel als Opfer des Egoismus der herrschenden Stände.

Der Einfall der Gallier brachte den Römern eine schwere wirtschaftliche Schädigung. Besonders hart war diese Zeit für die Plebejer; sie mussten ihre Häuser wieder

---

[1]) De bell. civ. I. 7.

aufbauen, ihre Felder waren verwüstet, ihr Vieh fortgetrieben, an der Bebauung der Güter waren viele durch die fortwährenden Kriege verhindert. Diese Not suchten die Patrizier zu ihrem eigenen Nutzen, insbesondere zur Wiedergewinnung ihrer alten Vorrechte, auszubeuten. Der edle Patrizier Manlius, welcher aus eigenen Mitteln in uneigennützigster Weise die Plebs unterstützt hatte, erlitt dasselbe Schicksal wie Spurius Cassius, er wurde im Jahre 384 zum Tode verurteilt.

Um dem entmutigten Volke Hilfe zu bringen, stellten die beiden Volkstribunen C. Licinius Stolo und L. Sextius neue Anträge, welche die wirtschaftliche Not der Plebs lindern sollten. Nach dem ersten Antrage sollten die bisher gezahlten Zinsen vom Kapital abgezogen und der Rest der Schuld in drei gleichen Teilen innerhalb dreier Jahre abgezahlt werden. Der zweite Antrag bezog sich auf die Verteilung des ager publicus: kein Bürger sollte mehr als 500 iugera an Gemeindeland besitzen; für die Nutzniessung sollte jeder vom Acker ein Zehntel, von den Gartenfrüchten ein Fünftel des Ertrages als Steuer abliefern. Aus dem, was einzelne über 500 iugera an ager publicus besassen, sollten Lose von sieben iugera gemacht und diese als wirkliches Privateigentum verteilt werden. Zehn Jahre lang dauerte der Kampf um diese beiden Anträge; endlich gingen dieselben durch. Ein weiteres wichtiges Gesetz, die lex Poetelia et Papiria (326) hob die Schuldknechtschaft auf und bestimmte, dass statt des Lebens die Habe haften sollte, wenn der Schuldner hinreichendes Vermögen besässe; auch wurde der Zinsfuss auf 6 Procent herabgesetzt, und die Wuchergesetze wurden verschärft. Eine neue Erleichterung der Schuldenlast nahm der Diktator Hortensius i. J. 286 vor, nachdem die Plebs durch ihre dritte secessio ihr Missvergnügen bekundet hatte.

Die letzten und wohl die heftigsten Kämpfe um den ager publicus führten im Interesse des notleidenden Volkes die beiden Gracchen. Im Jahre 133 zum Volkstribunen gewählt, erneuerte der ältere der beiden Brüder, Tiberius

Sempronius Gracchus, das alte Ackergesetz des Licinius, wonach niemand vom ager publicus mehr als 500 iugera besitzen durfte; jedoch sollte ein Familienvater für zwei von seinen Söhnen ebensoviel, also im ganzen 1000 iugera an Staatsländereien besitzen. Für die Abtretung des übrig bleibenden Ackers sollten die bisherigen Besitzer desselben aus dem Staatsschatze entschädigt werden; die abgetretenen Aecker sollten in Losen von 20 Morgen unter die besitzlosen Bürger oder die italischen Bundesgenossen verteilt werden; diese Lose sollten aber nicht als freies Eigentum betrachtet, sondern nur in unveräusserlicher Erbpacht verliehen werden; eine jährlich vom Volke zu erwählende Commission sollte die Ackerverteilung übernehmen und insbesondere die Frage entscheiden, ob ein Stück Acker Privateigentum oder Gemeindeland sei.

Der Antrag rief unter den Besitzenden grosse Aufregung hervor. Verletzt durch die Gehässigkeit der gegen ihn gerichteten Angriffe änderte Gracchus seinen Antrag dahin ab, dass die Entschädigung für abgetretene Ländereien wegfallen sollte. Das Gesetz wurde vom Volke angenommen, aber bei einem Tumult wurde Tib. Sempronius Gracchus an demjenigen Tage erschlagen, an welchem er für das folgende Jahr wieder zum Volkstribun gewählt werden sollte. Die Ausführung des Gesetzes wurde indessen durch diesen Vorfall nicht gehindert, und die Verteilung von Staatsdomänen dauerte noch eine gewisse Zeit fort, bis die von der Commission zu leistende Arbeit an die Consuln übertragen wurde.

Etwa zehn Jahre später nahm der jüngere Bruder des Ermordeten den Gedanken seines Bruders wieder auf. Zur Linderung der Not brachte er ein Gesetz durch, nach welchem den ärmeren Bürgern monatlich Getreide zu einem Drittel des damals üblichen Preises ausgeteilt werden sollte. Die lex agraria seines Bruders wurde wieder erneuert und die Anlegung von Colonieen beschlossen. Indessen die Missgunst der Reichen schaffte auch den jüngeren Bruder aus dem Wege. Bei einem Auflauf entkam Gaius Gracchus über den

Tiber in den Hain der Furien und liess sich dort von einem treuen Sklaven töten. Die beiden Volksfreunde wurden nicht vergessen; das Volk setzte ihrer Mutter, der edlen Cornelia, bald nach ihrem Tode ein Denkmal mit der kurzen, aber bezeichnenden Inschrift: „Der Mutter der Gracchen."

Mit dem Tode des zweiten Gracchus war der Kampf um den ager publicus abgeschlossen, die sociale Frage aber nicht gelöst. Der Grundbesitz sammelte sich immer mehr in den Händen einiger Wenigen an, und der Betrieb der Latifundienwirtschaft, welcher ausschliesslich durch Sklaven geschah, gereichte dem Staate nur zum Nachteile. Die Zahl selbständiger Existenzen verminderte sich in dem Masse, als die einzelnen Landgüter sich vergrösserten, und so wuchs die Masse der Proletarier in erschreckender Weise an. Der Staat sah sich genötigt, durch oft wiederholte Getreidespenden dem Notstande abzuhelfen. Die Ausgaben für den Getreidebedarf der städtischen Bevölkerung wurden stehend und regelmässig, seit infolge der Ansammlung eines ungeheuren Proletariats die Bürgerschaft zum Teil auf Kosten des Aerars entweder durch den Verkauf des Getreides unter dem Preise oder durch unentgeltliche Lieferungen unterhalten werden musste. Die Versorgung des Staates mit Getreide lag in der Republik den Aedilen, in der Kaiserzeit dem praefectus annonae ob. In späterer Zeit, d. i. nach Septimius Severus wurden die frumentationes durch tägliche Brotverteilungen an die Armen ersetzt. Zu den Brotspenden kam manchmal noch das congiarium, d. i. ein Geschenk an Wein, Oel oder Fleisch als Zugabe zum Getreide. In der Kaiserzeit waren diese Spenden Sache des Fiscus. Die Kosten dafür beliefen sich unter Cäsar auf 32 Millionen Denare, bei den meisten Kaisern bis Nerva auf 15, unter den folgenden Kaisern auf meist über 100 Millionen Denare. Doch ist es nicht sicher, ob diese Zahlen die in jedem einzelnen Jahre verwendete Summe angeben.

2. Gehen wir nun näher auf die wirtschaftliche Lage der Provinzbewohner ein. Ausserhalb Italiens

wurde sämtlicher Provinzialboden, soweit nicht an römische Bürger zum Zweck der Kolonisation Aecker verteilt worden waren, oder soweit der Grund und Boden nicht den civitates foederatae oder den civitates liberae et immunes als freies Eigentum zugestanden war, als ager publicus populi Romani angesehen und war demnach der Steuerpflicht unterworfen. Er blieb in den Händen der Provinzialen, aber sie hatten bestimmte Abgaben zu entrichten. Als eigentlicher ager publicus, d. h. als bleibende Staatsdomäne, deren ganzer Ertrag dem Fiscus zufiel, wurde nur dasjenige Land betrachtet, welches der Staat in seine direkte Verwaltung nahm. In den Provinzen, welche früher unter königlicher Herrschaft gestanden hatten, wie Bithynien, Asien und Macedonien, waren es die ehemals königlichen Güter, in anderen Provinzen die Ländereien derjenigen Städte, welche mit Entziehung ihres ganzen Ackers bestraft worden waren. Diese Aecker wurden durch die Censoren verpachtet. Ausser der Grundsteuer hatten die Provinzialen noch persönliche Steuern zu zahlen. Für die Bürger Italiens und die Bundesgenossen waren die direkten Steuern, welche sonst jährlich erhoben worden waren, weggefallen, seitdem nach der Eroberung Macedoniens durch Aemilius Paulus i. J. 167 eine solche Menge Geldes in die Staatskasse gekommen war, dass der Staat von den eigentlichen Bürgern keine direkten Steuern mehr zu erheben brauchte. Auf den Provinzialbewohnern ruhte hingegen dauernd die Verpflichtung, neben der Grundsteuer auch eine Kopfsteuer zu zahlen. Die Erhebung der Steuern geschah aber nicht durch den Staat direkt: vielmehr pachteten Privatpersonen, meist aus dem Ritterstande (publicani), die Gefälle aus den einzelnen Provinzen und liessen durch ihre Beamten die Unterthanen ausrauben. Aber nicht bloss die Zollpächter, sondern auch die Verwaltungsbeamten, welche in die Provinzen geschickt waren, betrachteten ihre Stellung als eine günstige Gelegenheit, um sich ein Vermögen zu erwerben. Berüchtigt ist die Plünderung Siciliens durch Verres, bekannt auch die Ausplünderung des Tempels zu Jerusalem durch Crassus.

3. Werfen wir nun noch einen Blick auf die volkswirtschaftlichen Verhältnisse. Roms älteste Bevölkerung hatte vom Ackerbau gelebt; den wertvollsten Besitz bildete daher der Acker und das Vieh. Letzteres bildete das Tauschmittel, wie der Name pecunia andeutet. Die Zeit der Einführung des Geldes ist nicht bekannt. Die im Anfange gebräuchliche Kupferwährung machte später der Silberwährung Platz. Erst gegen das Ende der Republik kamen Goldmünzen in Umlauf.

Die ungeheuren Schätze, welche seit der Eroberung der östlichen Provinzen in Rom zusammengeflossen waren, bewirkten auf allen Gebieten des wirtschaftlichen Lebens eine völlige Umwandlung. Die Menge von Sklaven, welche aus den zahlreichen Kriegen ins Land gebracht wurden, verdrängten die Arbeit des freien Mannes; insbesondere ging die Bebauung der Aecker auf die Sklaven über. Auch das Handwerk galt nicht als eines freien Mannes würdig; „nichts Edles kann die Werkstätte haben", sagt selbst Cicero. Soweit die verschiedenen gewerblichen Arbeiten nicht durch Sklaven besorgt wurden, waren es hauptsächlich die Griechen und Phönizier, welche die Erzeugnisse des Gewerbfleisses aus fremden Ländern nach Rom brachten oder in Rom selbst Fabriken und Werkstätten errichteten.

Als nicht anstössig galt hingegen bei den Römern die Beschäftigung mit dem Handel. Die Verdingung der staatlichen Arbeiten, ja selbst aller Zölle und Steuern, bot dem Spekulationsgeist der römischen Geschäftsleute viel Abwechslung und viel Gelegenheit zum Verdienst. Es gründeten sich sogar Aktiengesellschaften zum Zwecke des gemeinsamen Betriebes verschiedener Arbeiten. Die societates publicanorum übernahmen grosse Pachtungen, für welche die einzelnen nicht genügendes Kapital hatten. Die Mitglieder des Senatorenstandes hielten sich hingegen von diesen Geschäften fern. Erst in der Kaiserzeit verschwand allmählich das System der Verpachtungen.

## § 13. Die Sklaverei in Rom.

Die geschichtliche Entwickelung der Sklaverei in Rom möge die Schilderung der socialen Verhältnisse der Römer vervollständigen.

Sklaven besassen die Römer schon in sehr früher Zeit. Ihre Stellung zur Familie des Hausherrn veränderte sich indessen im Laufe der Zeit von Grund aus. In jener Zeit, da die Diktatoren vom Pfluge weggeholt wurden, gehörte der Sklave zur Familie des Herrn; mit letzterem bebaute er gemeinsam das Feld, mit ihm speiste er an demselben Tische. Mit der Aenderung der wirtschaftlichen Verhältnisse, mit dem Schwinden der alten Einfachheit änderte sich indessen das Los der Sklaven derartig, dass das Sklavenwesen einen Schandfleck in der römischen Kulturgeschichte darstellt.

Die Folge der zahlreichen und lange währenden Kriege war, dass Italien allmählich von Sklaven ganz angefüllt wurde; in Sicilien wimmelte es förmlich von Leuten, welche der Krieg, ihrer edlen Geburt und vortrefflichen Erziehung ungeachtet, in den Sklavenstand geführt hatte. Als Tib. Sempronius Gracchus Sardinien erobert hatte, brachte er soviel Sklaven nach Rom, dass es sprüchwörtlich hiess: „wohlfeiler als ein Sarde". Aus dem Westen, noch mehr aber aus dem Osten kamen die meisten Sklaven nach Rom. Zu Delos war ein grosser Sklavenmarkt, welcher Italien versorgte. Das Schicksal wollte es, dass den Römern ihre Eroberungen grade in dem Augenblicke, in welchem dieselben infolge ihrer Berührung mit den Lastern Griechenlands und des Orients auch einer äusseren Versuchung zur Verweichlichung und sittlichen Verderbnis ausgesetzt waren, auch neue Sklavenmärkte eröffneten.

Die Zahl der Sklaven in Rom und in Italien schwoll schliesslich so masslos an, dass nach Tacitus' Zeugnis die Römer über die Menge derselben in Schrecken gerieten[1]). Bezeichnend ist auch die Erzählung Seneca's, dass, als einst im Senate der Vorschlag gemacht worden war, den Sklaven

---

[1]) Annal. IV, 27.

eine besondere Kleidung zu geben, die Senatoren dem Antrage ihre Zustimmung versagten, aus Furcht, es würden dieselben sonst gewahr werden, um wieviel ihre Zahl die Zahl der freien Männer übersteige[1]). Athenäus kannte Römer, welche 20 000 Sklaven besassen; Tacitus[2]) erzählt, dass in einem Hause 4000 Sklaven auf einmal hingerichtet wurden, weil sie die Ermordung ihres Herrn nicht verhindert hatten. Die zum Verkaufe nach Rom gebrachten Sklaven wurden auf dem öffentlichen Markte verkauft; jeder Sklave trug einen Kranz auf dem Haupte und eine Tafel am Halse, worauf seine Vorzüge und Fehler beschrieben waren.

Die grosse Menge von Sklaven erklärt sich aus der Art ihrer Verwendung. Während in Griechenland die Sklaven meist nur zur Arbeit verwendet wurden, wurden sie in Rom nicht nur zum Nutzen und zur Bequemlichkeit, sondern auch des Luxus wegen gehalten. Dieser Luxus bestand teils in der Unterhaltung nutzloser Sklaven, deren Anwesenheit nur den Reichtum des Herrn verkünden und so der Eitelkeit desselben dienen sollte, teils auch in der Verschwendung von Arbeitskraft, namentlich durch eine bis zum Uebermass getriebene Arbeitsteilung, wobei auch der geringfügigste Dienst durch besondere Sklaven versehen wurde. Der gekaufte Sklave wurde entweder der familia urbana, d. i. dem in der Stadt befindlichen Hauswesen oder der familia rustica, d. i. dem Heere der Latifundiensklaven zugeteilt. Das Los der ersteren war im allgemeinen das bessere; wir finden unter ihnen Aerzte, Vorleser, Abschreiber, Buchbinder, Sekretäre, Architekten, Maler, Reliefarbeiter; auf den Grabinschriften finden sich folgende Titel: Fackelträger, Laternenträger, Begleiter auf der Strasse, Verschliesser der Ausgehkleider u. s. f. Das Bestreben des reichen Römers ging dahin, sich soviel als möglich jeder persönlichen Anstrengung, selbst geistiger, durch Uebertragung auf die Sklaven zu entledigen. Man schrieb nicht, sondern diktierte Sekretären,

---

[1]) Senec. de Clem. I. 24.
[2]) Annal. XIV, 43.

man hatte Stenographen und Studiensklaven, die im Namen des Herrn allerlei lasen, Notizen, Auszüge, Vorarbeiten und litterarische Untersuchungen aller Art machten. Man merkte sich die Namen der vorgestellten Personen und Clienten nicht, die Mühe des Merkens hatten die Sklaven zu übernehmen. Es gab Leute, welche sich von ihren Sklaven erinnern liessen, um welche Zeit sie ins Bad oder zur Tafel gehen sollten. Statt der Uhren hatte man Sklaven, welche stets genau zu wissen hatten, wie spät es sei. Seneca sagt von einigen seiner Bekannten, sie seien so weichlich, dass sie es Anstrengung koste, sich bewusst zu werden, ob sie Hunger hätten. Einer von diesen Weichlingen hatte, als er aus dem Bade gehoben und in einen Ruhesessel niedergelassen worden war, gefragt: „Sitze ich schon?" Hundert Jahre später berichtet Lucian mit Erstaunen und Widerwillen, dass es bei den Vornehmen Sitte war, sich auf der Strasse von vorausgehenden Sklaven benachrichtigen zu lassen, wenn irgend eine Unebenheit zu überwinden war, oder wenn der Weg eine Anhöhe hinauf oder einen Abhang hinabführte. Selbst den Mangel an eigener Bildung ersetzte man durch Sklaven. Seneca erzählt, dass ein reicher Mann, Calvisius Sabinus, für gebildet zu gelten wünschte, obschon er ganz ungebildet war. Er liess nun den einen seiner Sklaven den ganzen Homer auswendig lernen, einen anderen den Hesiod, andere die neun lyrischen Dichter. Die Sklaven mussten nun bei den Gastmählern hinter ihm stehen und ihm bei passender Gelegenheit Verse vorsagen, mit denen er brillieren konnte. Andere Luxussklaven wurden nur zur Schau ausgestellt, sei es dass sie durch ihre Schönheit oder durch besondere äussere Merkmale die Aufmerksamkeit erregten; es gab in Rom selbst einen Markt für Naturwunder, Zwerge, Riesen, Kurzarmige, Dreiäugige, Spitzköpfige. Das Los aller dieser Haussklaven scheint noch erträglich gewesen zu sein gegenüber der Behandlung der auf dem Lande beschäftigten. Tausende von Sklaven bebauten die grossen Güter, Ketten zwischen den Füssen tragend; des Nachts wurden sie in ein feuchtes Loch, ergastulum, gebracht. Ihrem Vaterlande, ihrer Familie entrissen, brachten so Millionen von Unglücklichen ohne jeden Hoffnungsschimmer ihr elendes Dasein dahin. Doch auch die Haussklaven hatten unter der Willkür der Herren viel zu leiden: gab es doch Herren, wie einen Vedius Pollio, der seine Sklaven für das Zerbrechen eines Gefässes den Fischen zum Frasse hinwerfen liess. Für den geringsten Fehler, für ein unzeitiges Wort, für ein schlecht zubereitetes Gericht verfiel der Sklave den grausamsten Strafen, der Fesselung, dem Kerker, dem Halsblock, der Peitsche, der Brandmarkung, der Folter, der Kreuzigung. Selbst vornehme Frauen machten sich der rohesten Ausschreitungen gegenüber ihren Untergebenen schuldig. Manche hatten, wenn sie von ihrer Sklavin bei der Toilette bedient wurden, stets eine spitze, lange Nadel bei der Hand, um dieselbe der halb entkleideten Sklavin in das Fleisch stossen zu können.

Für kranke, schwächliche oder altersschwache Sklaven sorgte der Römer nicht; man überliess sie auf der Tiberinsel dem Erbarmen Aesculaps. Einen anderen Vorschlag machte Cato: „Sei ein guter Wirtschafter, verkaufe deine Sklaven und dein Pferd, wenn sie alt werden."

Das Empörendste aber war die Verwendung derjenigen Sklaven, welche sich im Amphitheater mit kaltem Blute gegenseitig hinschlachten mussten, um dem Volke der Stadt ein Vergnügen zu bereiten. Selbst der Staat unterhielt zu gewissen Zeiten solche Gladiatorenschulen, in welchen Tausende von Sklaven und Kriegsgefangenen für diesen Zweck vorgebildet wurden.

Die überaus traurige Lage der Sklaven veranlasste dieselben zu Aufständen, welche zu den blutigsten Erhebungen zu zählen sind, von denen die Geschichte berichtet. Die Sklavenkriege begannen 135 in Sicilien und verbreiteten sich von da nach Italien. Die Sklavenheere, welche zu einer Zeit 200 000 Mann zählten, besiegten mehrere römische Heere, wurden aber schliesslich geschlagen. Von den Gladiatoren zu Capua ging im Jahre 73 eine neue Bewegung aus, welche vielen römischen Soldaten, aber auch Tausenden von Sklaven das Leben kostete. Die Aufstände wurden zwar unterdrückt, aber die Lage der Sklaven wurde nicht besser.

Der Einfluss der Sklaverei auf die öffentlichen Verhältnisse war in jeder Beziehung ein höchst trauriger.

Vom wirtschaftlichen Standpunkt aus wirkte die Sklaverei schädlich; denn die Sklavenarbeit verdrängte fortwährend die freie Arbeit. Der Ackerbau, welcher soviel Jahrhunderte lang „die Pflanzschule der römischen Legionen" gewesen war, wurde etwas Knechtisches. Sklaven behaupteten in der Stadt fast ein Monopol auf jede feinere Kunstthätigkeit. Die Industrie, der Klein- und Grosshandel wurden ebenfalls zum Teil von Sklaven betrieben; endlich war auch der häusliche Dienst und das Handwerk schimpflich gemacht, weil sie den Sklaven übertragen waren. So schwand der Mittelstand immer mehr und schliesslich wurde es die grosse Aufgabe des römischen Kaisers, das römische Volk zu füttern.

Die Sklaverei übte aber ferner einen höchst verderblichen Einfluss auf die allgemeine Moralität. Konnte jener Mann, dessen absoluter Macht das Leben, die Ehre, das Glück so vieler Sklaven, ohne irgend welche Einschränkung, ohne irgend einen Zügel für die Leidenschaft und Laune übergeben war, etwas Anderes sein, als ein Tyrann, der alle Rücksicht auf menschliches Leben und Leiden vergass?

Und nicht bloss die Arbeit, die Zeit, die Kraft des Sklaven gehörte dem Herrn, sondern selbst die Unschuld des Dieners war dem Herrn preisgegeben. Es gab nach römischem Rechte nichts, was als Ehebruch, als Verführung, als Schändung bezeichnet werden konnte, wenn es gegen einen Sklaven oder eine Sklavin ausgeübt war. Das römische Haus war eine Festung, wohin in dieser Beziehung keine fremde Macht eindringen konnte. So beschleunigte die Sklaverei den Verfall der gesamten Bevölkerung.

## § 14. Rückblick auf die Culturentwickelung der alten Welt in materieller, socialer und sittlicher Beziehung.

Werfen wir noch einen letzten Blick auf die Entwickelung der wirtschaftlichen und gesellschaftlichen Verhältnisse der alten Welt, so ergiebt sich als Resultat zunächst die Wahrheit, dass der wirkliche Culturfortschritt nicht Hand in Hand geht mit dem Fortschritt der materiellen Cultur, und dass somit die natürlichen Kräfte des Menschen und die Neigungen und Leidenschaften des Menschen, insbesondere der Egoismus in seinen drei Formen, der Ehrsucht, der Habsucht und Genusssucht nicht die Grundlagen für den wahren Fortschritt der Menschheit bilden. Der Egoismus führt in naturnotwendiger Entwickelung zur Ausbeutung der Natur und zur Ausbeutung des Nächsten, zu rascher Erschöpfung des materiellen Ertrages und zum Klassenkampfe[1]. Nicht die Selbstsucht und der Kampf ums Dasein, sondern die Liebe und die Entsagung verbürgen ein ruhiges und sicheres Fortschreiten auf allen Gebieten menschlicher Thätigkeit und menschlicher Gesittung. Die Culturvölker der alten Welt zeigen auf allen Gebieten der materiellen Cultur zu gewissen Zeiten einen raschen, manchmal staunenswerten Fortschritt. Aber mit der fortschreitenden Entwickelung auf dem Gebiete der Arbeit und des Genusses geht Hand in Hand eine Zersetzung in gesellschaftlicher, wirtschaftlicher und sittlicher Beziehung, eine Zerklüftung der Menschheit, welche die Ursache fortdauernder Beunruhigungen bilden musste. In der heidnischen Gesellschaft, die den Regungen des Stolzes und der Sinnlichkeit keinen Widerstand entgegensetzte, ist die Arbeit erniedrigt, erniedrigt bis zur Sklaverei; eine Ehre wird ihr nie, eine Freiheit selten zugestanden. Und je weiter die Hoffart des Geistes und die Herrschaft der Sünde in die öffentlichen Sitten dringt, desto grösser wird diese Erniedrigung und Knechtung. Erst als die morgendlichen Strahlen des Christentums die Finsternis der

---

[1] S. Ratzinger, die Volkswirtschaft in ihren sittlichen Grundlagen. S. 11.

heidnischen Welt zu durchbrechen begannen, erwachte das Gefühl für die allgemeinen Rechte der Menschheit in einigen über das Gewöhnliche erhabenen Seelen. Auch die Gesetzgebung empfand etwas von der heilsamen Einwirkung der christlichen Wahrheit und Gerechtigkeit. Aber die öffentlichen Sitten widerstanden noch lange Zeit der neuen Strömung. So lange die Gesellschaft durch Stolz und Genusssucht von Gott getrennt war, blieb sie auch durch die Sklaverei entnervt und geschändet. Sie fand die Ehre und Fruchtbarkeit der Arbeit erst, als sie durch die Macht der Entsagung wieder zu Gott zurückgeführt war.

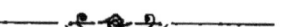